アニマルスピーク

守護動物「トーテム」の
メッセージで目覚める本当のあなた

The Spiritual & Magical Powers of
Creatures Great & Small
Ted Andrews

テッド・アンドリューズ 著
永井二菜 訳

Pan Rolling

Published by Llewellyn Worldwide
Woodbury, MN 55125 USA
www.llewellyn.com
Japanese translation rights arranged with
Llewellyn Publications, a division of Llewellyn Worldwide LTD.
through Japan UNI Agency, Inc., Tokyo

はじめに
動物の言葉を学ぶには

私と自然のかかわり

私はずっと自然に囲まれて生きてきました。

子供のころは森、池、入り江、野原がおもな遊び場でした。動物たちは今も昼夜を問わず私のもとに現れます。人生の岐路に立ったときは進むべき道を示してくれましたし、父の臨終も知らせてくれました。

野生のオオカミと目が合ったことや、ヘラジカ、クマ、ヤマアラシ、カワウソに遭遇したこともあります。タカ、フクロウ、イヌワシがこの腕にとまり、キツネには軽く噛まれました。コンドルにえさをやり、遠くの丘から聞こえてくるオオジカの鳴き声に驚いた経験もあります。

カラスは毎朝声をかけてくるし、私が道に迷えば案内してくれます。海の中ではデリケートなタツノオトシゴをてのひらに乗せ、緑色の巨大なウツボを追って45メートルほど潜水しました。旅に出れば、タカが上空から道中を見守ってくれます。

それでもなお、自然の神秘と多様性には目を見張るばかりです。

自然からのメッセージを受け取るための「動物語」

とくに、自然が発する言葉にはいつも感動します。大自然はその時々の私に対して、何らかのメッセージを送ってきます。そんなときは自然が何を伝えようとしているのか耳をすませるのです。こちらが聞く耳を持てば、自然は必ず応えてくれますから。

どの生き物にも言葉があります。花はつぼみを開くことで独創性の大切さを訴え、木々は枝葉を揺らしながら命の神秘をささやきます。

私は神秘主義の研究をライフワークと考え、世界中の文献や神話をひも解いてきました。そこに必ずといっていいほど書かれているのは、動物の魂にまつわる伝承であり、天は自然を通じて人間に語りかけるという思想です。

自然が人間の一部だったように、人間もまた自然の一部でした。動物や自然はひとつの国や地域の所有物ではありません。私たち一人ひとりに平等に接しています。

最近は「自然回帰」「地球と再び触れ合う」といったフレーズを耳にすることが多くなりました。しかし、人間が地球との接点を失ったことは片時もありません。私たちはつねに地球とつながり、地球はいつでも私たちとつながっているのです。人間の営みは地球に影響し、地球で起きることは人間社会に跳ね返ってきます。

ところが残念なことに、ほとんどの人はその事実を無視したり、理解できなかったりします。それ以上に悲しいのは、自然への感謝を忘れ、自然との絆を尊重する気持ちを失うと、自分自身をも大切にできなくなることです。

私も自然界の住人です。住人である以上、自分が暮らす環境についてよく知るように努めるべきだと思っています。住環境を知れば知るほど、自分自身への理解も深くなります。だから、自然界とそこに生きるあらゆる命（人間と動物）を理解しようと努めてきました。

そんなことを言うと、博物学者を気取っているように思われるかもしれませんが、私は単純に自然界の言葉を話せるようになりたいと思っているだけです。

例えば、海外で暮らすことになったとしましょう。よその国でたくましく豊かに生きていくには、現地の言葉を覚える必要があります。文法、語法、方言が分かれば、その土地で能力を発揮する機会が広がり、生活していくのも楽になるでしょう。

自然界は私たちにとって人生の舞台であり、生活の場です。そこで生産性を発揮し、活躍したいと本気で願うのなら、やはり自然界の言語をいくつか知っておくほうがいい。なかでも簡単に楽しく覚えられるのが「動物語」です。

多くの神話には、人間と動物の隔たりがない不思議な時空が登場します。そのなかで人間は動物と仲良く共存し、動物の言葉を話します。それは神格と人間が交流する姿です。野獣と家畜の区別もありません。動物と人間が言葉を交わし、人間が動物の言葉を覚えることもあれば、動物が人間の言葉を学ぶ場面もあります。

動物たちとの対話で分かる、人間の可能性

人間は科学と合理性を追求するなかで、自然や自然の構成要素を客観視し、研究の対象としてきました。こうした科学的なアプローチが、自然のもつ神秘性や精神性を奪っていると心配する声があります。「これでは大自然のロマンが台無しになってしまう」というわけです。

しかし、それは大きな誤解です。科学が解き明かす自然は驚異に満ちており、バラエティ豊かな命の営みを知れば知るほど、自然の神秘はさらに増していきます。科学の発見によって、自然が人間に深く関わっていることが明らかになるのです。

動物の世界に教わることはたくさんあります。ある動物はサバイバルと環境適応のプロです。そのスキルは私たちの日常に応用できます。ある動物はガンを発症することがありません。その理由が解明されたら、どんなにいいでしょう。

子煩悩な動物、抜群の繁殖力を誇る動物、おだやかな性格が取り柄の動物もいます。勇猛果敢の代名詞もいれば、遊びの天才もいます。動物の世界は大いに探検の余地があるのです。

ただし、動物に学ぶには、まずは動物とのコミュニケーションを学ばなくてはいけません。

動物のなかには驚くべき能力を持つものがたくさんいます。それを知るだけでも、自然の驚異を充分に堪能できます。どの動物も、人間の魂という未知の領域に通じる扉です。自覚している人はわずかだと思いますが、動物をどう見るかによって自分自身をどう見ているのかが分かるのです。

動物と対話し、動物の目で見て、動物の耳で聞けば、人間の本来の姿、潜在能力、可能性が実感できるでしょう。動物は人間のしもべではありません。師であり、友人であり、仲間です。

動物は生きることのすばらしさを教えてくれます。そして、子供のころに持っていた好奇心を呼び覚まし、奇跡や夢や可能性を信じる心を取り戻してくれるのです。

【目次】

はじめに——動物の言葉を学ぶには……3
私と自然のかかわり
自然からのメッセージを受け取るための「動物語」
動物たちとの対話で分かる、人間の可能性

第Ⅰ部　自然界のさまざまなシンボル——

1．トーテムアニマルに学ぶ、魂と神秘の導き……16
人間と自然、見える世界と見えない世界はつながっている
トーテムとは何か
トーテムアニマルが人生の困難にアドバイスをくれる
トーテムアニマルからのメッセージを理解するために

2．自分のトーテムアニマルを見つけよう……21
動物たちは精霊の仮の姿

古代人が受け取ってきたトーテムのパワー
あなたのトーテムアニマルは？
トーテムアニマルを特定するための7つの質問
トーテムに関する基礎知識
トーテムアニマルに出会うためのエクササイズ
エクササイズの準備
エクササイズを実行してみよう

3. 自然の予兆と動物からのメッセージを読み解く……38
自然や動物が見せる予兆を見分け、解釈し、日常に生かす
自然のメッセージを読み解く――古代ローマの神官「アウグル」
自然からのメッセージを受け取るための10の心がけ

4. 風景が象徴するメッセージ……53
動物たちの住む世界
都市部で見られるシンボル
森林で見られるシンボル
庭で見られるシンボル

自宅の内外で見られるシンボル
沼で見られるシンボル
沢や谷で見られるシンボル
山で見られるシンボル
ぬかるみで見られるシンボル
海洋と河川で見られるシンボル
岩場で見られるシンボル
トーテムの住む場所、出会った場所に注目しよう

第Ⅱ部　翼のもつ魔力

5．自分を飛躍させる「空の通過儀礼」と鳥……66
神話と鳥
鳥類の発するメッセージとは
直感をみがき、異界への扉を開こう
羽の神秘
鳥のトーテムを観察するときのチェックポイント

トーテムアニマル事典【鳥】……76
オウム／オンドリ／カッコウ／カナリア／カモ／カモメ／カラス／カワセミ／ガン／キジ／キツツキ／クジャク／コウノトリ／コンドル／サギ／シチメンチョウ／スズメ／タカ／ダチョウ／ツバメ／ツル／ハクチョウ／ハト／フクロウ／ペリカン／ペンギン／ムクドリ／メンドリ／ワシ

第Ⅲ部　哺乳類のメッセージ――159

6．哺乳類を敬う……160
動物に対する解釈の違いを把握し、自分と照らし合わせる
トーテムアニマルとの信頼関係を築くには
哺乳類のトーテムアニマルのチェックポイント
最大の特徴は何か

トーテムアニマル事典【哺乳類】……170
アザラシ、アシカ／アライグマ／イタチ／イヌ／イルカ／（野）ウサギ／ウシ／ウマ／オオカミ／カワウソ／キツネ／キリン／クジラ／クマ／コウモリ／サイ／シカ／シロイワヤギ／スカンク／ゾウ／トラ／ネコ／ネズミ／ビーバー／（オオツノ）ヒツジ／ヒョウ／プレーリードッグ／ライオン／リス／ロバ

第Ⅳ部　昆虫と爬虫類のユニークな言葉

7．昆虫の世界をのぞく……262

昆虫もトーテムになり得る
昆虫の生態
昆虫のパワーと習性
神話や民話に登場する昆虫たち

トーテムアニマル事典【昆虫】……270

アリ／カブトムシ／カマキリ／クモ／チョウ／トンボ／バッタ／ミツバチ

8．爬虫類の神秘……289

爬虫類の特徴
爬虫類をトーテムに持つ人は……
神話や民話に登場する爬虫類

トーテムアニマル事典【爬虫類】……296
ウミガメ／カエル／カメレオン／トカゲ／ヘビ／ワニ
おわりに――文明社会でトーテムアニマルと出会うには……316
自然を敬うために、まずは知ること
野生の魂に火をつけて

動物に話しかけると
動物も話しかけてくる
そして、お互いに分かり合える
話してみなければ
相手のことは分からない
分からないから恐ろしい
恐ろしいから破壊する

――チーフ・ダン・ジョージ（酋長）

第Ⅰ部　自然界のさまざまなシンボル

1

トーテムアニマルに学ぶ、魂と神秘の導き

人間と自然、見える世界と見えない世界はつながっている

その昔、人間は自分たちを自然の一部と考え、自然を自分たちの一部と考えていました。夢と現実は分かちがたく、自然界と超自然界は融合していました。人は自然をモチーフにして、そんな一体感を表現し、一種の恍惚状態を体験していたのです。

シャーマンや祭司は、大自然の知恵の伝道師として活躍していました。大自然のリズムやパワーとつながり、有形無形の世界を行き来し、すべての樹木は神木であり、動物は耳を傾ける者に語りかけると説きました。

祭儀を司る者は動物の格好をして（動物の皮や仮面を身につけて）、神秘の力が自らの肉体に宿ることを表現し、季節ごとに儀式を執り行い、繁栄と豊穣を祈願しました。当時の祭司は人間社会の今後を占うために生類や自然の造形物を観察していました。自然現象は自然界と超自然界をつなぐ架け橋であり、両世界で起きていることは人間社会にも影響すると考えたからです。

こうした祭儀や慣習は合理主義の現代人には原始的で、こっけいに見えるかもしれません。しかし、その伝統は今なお健在です。自然界と超自然界を治めるルールも効力を失っていません。古今東西の社会はそのルールを思い思いに表現しましたが、もっとも端的に言い表したのが古代密教の「呼応の法則」――上にあるものは下にあるものの如し、下にあるものは上にあるものの如し、です。

この法則によると自然界に存在する万物はつながっており、それぞれに存在意義があります。そして自然界と超自然界、目に見える世界と見えない世界を分け隔てるのは不可能です。

トーテムとは何か

精霊界の使者は私たちの世界にどのように宿るのか。それを知るにはトーテムを研究することが欠かせません。トーテムとは、個人的に強い縁を感じる生き物や自然の造形物を指します。

私たちはトーテムをとおして自分を知り、目に見えない異界を学ぶことができます。トーテムとなる生き物が高い知能を備えているとはかぎりませんが、森羅万象を体現するだけのパワーを秘めています。そのパワーは多種多彩で、トーテムの習性や行動に特徴が表れます。

トーテムに注目することは、トーテムに宿る精霊のパワーを敬い、注目することにほかなりません。トーテムが宿すパワーを味方につけると世界観が変わり、そのパワーの導きにあやかることができます。トーテムとなる生き物の個性や行動は、私たちの潜在能力を教えてくれるでしょう。

トーテムを研究し、上手につき合う方法を学ぶことで、トーテムが宿すパワーを好きなときに授かることができます。

トーテムアニマルが人生の困難にアドバイスをくれる

陸の生物はさまざまな事柄を象徴するとされます。例えば人間の喜怒哀楽、とくに抑制の必要な感情を象徴しているケースがたくさんあります。陸生動物は目に見えない世界のパワーを目に見える形で体現しているのです。

鳥類は魂のシンボル。空を飛ぶことから「飛躍」を意味し、天と地の仲介役とされます。トーテムとしての役割は種類によって異なりますが、おしなべて希望、創意、発想を刺激します。

水に棲む生き物もトーテムになり得ます。水は昔から幽界や生命力の象徴です。魚を始めとする水の生き物は人間の直感や創造力を刺激し、女性的な一面を表すとされます。

昆虫も自然界の一員であり、立派なトーテム候補です。エジプト神話のミツバチ、ブッシュ族（サン人。南部アフリカのカラハリ砂漠に住む狩猟採集民族。アフリカの最古の住民と考えられている）の民話に登場するカマキリ、宇宙の創造主に例えられるクモなどは精霊の化身と言えるでしょう。

哺乳類、魚類、昆虫類、爬虫類など、日常で接する動物をリサーチすれば、これから接する人生の局面が読めるようになります。どういうパワーが自分を待ち受け、自分のなかで覚醒するのか、そしてそのパワーを自分の人生にどう生かせばいいのか学べるはずです。

自然は自然界の住民一人ひとりに適応力を授けました。そのおかげで動物はそれぞれの生息環境で生き抜くことができます。

適応力には身体の適応力と習性の適応力があります。例えば、寒さをしのぐために、冬場になると被毛を厚くする動物もいれば、越冬地に移動する動物もいます。

シロイワヤギは生息域の山岳地帯にみごとに適応しています。その足は山肌をしっかりとらえるように進化しました。また、極寒の山中でサバイバルできるように、赤血球の数がほかの動物に比べて多いのです。

こうしたトーテムアニマル（トーテムとなる動物）の環境適応力は人生の困難に立ち向かうときの参考になるでしょう。

トーテムアニマルからのメッセージを理解するために

本書のおもなテーマは次の5つです。

1. 自分のトーテムアニマルを特定する
2. トーテムアニマルのパワーに感謝、共鳴し、自分の人生に生かす
3. トーテムアニマルをとおして自分の潜在能力や存在意義を知る
4. トーテムアニマルの適応力やサバイバル技術を日常に応用する
5. 自然界から自分に向けて日々発信される（現象や兆候として表れる）メッセージを聞き取り、読み

解き、生かす。その過程で命に対する畏敬の念や自分に対する自信をはぐくむ

重要なのは、自然から受け取った言葉をどう解釈するかです。目で、耳で、心でとらえたことは研究と熟考を重ねてこそ糧にできます。

目の前に現れた動物をすぐにトーテムと決めつけてはいけません。本当にトーテムかどうかを客観的に検証しましょう。その方法については次の章で詳しく説明します。

また、見た目や好みでトーテム候補を否定するのは禁物。その動物は今の自分に必要な力を授けてくれるかもしれません。

トーテムの真意は、相手を観察し、研究して初めて分かります。動物の言葉を理解しようと努めることは動物を敬うこと。それを忘れないでください。

現代人は大自然のリズムや営みに呼応する本能を失いつつあります。そのために自然の神秘を実感する機会も失ってしまいました。しかし、自然はあらゆる生き物が人間の師となり得ることを日々伝えています。自然の言葉が分かるようになると、誤った固定観念は崩れ、神秘は万物の命に宿っていることを悟るでしょう。それこそが学ぶ姿勢のある者に対して大自然が教えていることなのです。

2

自分のトーテムアニマルを見つけよう

動物たちは精霊の仮の姿

精霊の存在と影響力は多くの宗教に共通するテーマです。

古代ギリシャ人は神託者を介して神や精霊とコンタクトを取ろうとしました。アフリカのブッシュ族は、羊やカマキリといった動物の動作から儀式や神話を創案しました。アメリカ先住民も動物の動きをまねて舞踊や儀式を発展させ、精霊界とつながろうとしました。

精霊がさまざまな姿で自然の造形物に宿るという信仰は万国共通です。もっとも広く信じられているのは、精霊界の使者が動物として人間の前に現れ、その使命と役割を伝えるというものです。

合理主義の現代社会はそうした信仰を嘲笑しがちです。しかし、霊的な存在（神格、天使、祖先の霊、妖精、悪魔、トーテムなど）は各時代の神話や書物にごまんと出てきます。これほど古今東西に浸透している信仰なら、一定の信憑性があると考えるほうが自然でしょう。

精霊は人間と同じくらい個性的。この地球で、さまざまな役割をになっています。精霊のおかげで自分の潜在能力に気づくことがあります。精霊は私たちを守り、支えてくれます。そのパワーは人間を癒し、鼓舞し、成長させます。

精霊の仮の姿としてもっともポピュラーなのが動物です。先人たちは精霊界を理解するために自然界を研究し、神々を動物になぞらえました。本書では、野生動物という自然が有形と無形の世界をどうつないでいるのか検討します。動物に託されたメッセージを探り、それが私たちに何を伝えようとしているのか考えていきましょう。

古代人が受け取ってきたトーテムのパワー

トーテムとは自然界に存在するもののなかで個人的に縁を感じるものを指します。本書では動物のトーテムをおもに取り上げます。動物のトーテムを研究することは、精霊が自分の人生にどう関わっているのかを知るうえで欠かせません。

動物のトーテムやモチーフを生かすと、自分のあり方や目に見えない世界が見えてきます。すべての動物に高い知性があるとはかぎりませんが、どれも野性の力を秘めています。その力の特徴は、動物の行動や習性に表れます。

昔の宗教的指導者は動物を仲介にして天上人と交信しようとしました。動物の格好、姿勢、動作で儀式を執り行ったのは、動物に宿る霊妙な力を自分の身に授かるためです。その動物はトーテムと呼ばれ、特定のパワーを象徴していました。動物をトーテムとして受け入れ、敬うことによって、動物に宿る力が解き放たれ、自分のものになると考えたのです。

私たちも、そんな霊妙な力を授かることができます。その過程で動物の言葉を学び、動物の神秘に触れられるでしょう。そのためには自分のトーテムアニマルを見つけることが先決です。

あなたのトーテムアニマルは？

トーテムアニマルを特定する方法はいくつかあり、大部分は簡単に実践できます。観察力と「創像力」を働かせるだけでいいのです。その方法を具体的に説明していきます。

「創像」を絵空事と思う人がいるようですが、それは大きな誤解です。「創像」とはイメージを思い描き、膨らませていく知的な作業のこと。この作業が異界への扉を開き、心の傷を癒し、先人の知恵を呼び戻し、神通力や予知能力を開花させるのです。

創像力を駆使すれば、現実の世界を行き交う精霊のパワーを実感できるでしょう。頭の中で描く世界も現実の一部。通常の五感では感知できないだけです。創像によって周りの景色に対する見方、感じ方が変わります。その結果、今までになかった発想、直感を得て、自分の生きざまと精霊の影響を深く理解できるようになるでしょう。創像は精霊の世界とつながるためのツールであり、トーテムを特定し、そのパワーを授かるための一助になります。

トーテムアニマルが分かると、自分のありようも分かります。自分に対する見方が変わると、世界観が変わります。新しいアイデアが次々とわき、人生が豊かになるのを感じるでしょう。トーテムアニマルへの理解が深まれば、そのぶん自分自身への理解も深まっていきます。

トーテムアニマルを特定する7つの質問

トーテムアニマルを特定するための第一歩は、どの動物に、どういうタイミングで興味を持つようになったのかを探ること。次の問いに答えながら、トーテムアニマルの候補を絞っていきましょう。

1．昔から気になっている動物は何か。

気になるのは共感できる相手だからです。自分の気を引く動物は自分に何かを伝えようとしています。

2．動物園に行ったら、いちばん（あるいは最初に）見たい動物は？

この質問はとくに子供に有効。子供のほうが動物に素直に反応するので、トーテムアニマルを特定しやすいのです。

3．屋外でよく見かける動物は？　その動物と自然のなかで遭遇したことはあるか。

見かけた場所が原生林の中であれ、街中であれ、その動物とは少なからぬ縁があり、その動物から学ぶことがあります。少なくとも出会った場所で生き抜くための知恵を教えてくれるでしょう。

4．いちばん興味のある動物は何か。

興味の対象はその時々で変わるはずです。トーテムアニマルのなかには一生のつき合いになるものもいれば、特定の時期や人生の節目にだけ現れるものもいます。

5．自分にとって、いちばん怖い動物は？

その動物は自分が恐れているものを象徴しているのかもしれません。しかし、その恐れを克服すると、その動物のパワーを授かることができるでしょう。人間の恐れは動物の姿をして現れるといいますが、私たちが恐れの対象に向き合う勇気をもったとき、その恐ろしい動物は敵ではなく味方になってくれます。そうした動物を「シャドー（陰の）トーテム」と呼びます。

6．動物に噛まれたり、襲われたりした経験はあるか。

昔のシャーマンは動物からの攻撃を「人生の試練」と考え、その攻撃に耐えて生還できたら、攻撃してきた動物をトーテムとしました。

7．動物の夢を見ることはあるか。今でも鮮明に覚えている動物の夢はあるか。

同じ夢をくり返し見たり、夢の中に同じ動物が出てきたりしたときは要注意です。子供はよく動物の夢を見ますが、その動物がトーテムである可能性は高いでしょう。

トーテムに関する基礎知識

動物のトーテムにはさまざまな呼び名があります。「トーテムアニマル」「パワーアニマル」「メディスンアニマル」「アニマルスピリットガイド」などです。呼び名は違っても、トーテムに関する認識はおおむね次のとおりです。

1．あらゆる動物は強力な魂を宿している。

2．その魂の主は動物自身かもしれないし、動物の姿を借りて人間にメッセージを伝えに来た精霊かもしれない。

3．動物の才能、能力は種によって違う。それによってトーテムとしての役割やパワーも違ってきます。動物にはそれぞれ特技があることを心得ておきましょう。

4．生涯を通じてトーテムになる動物はほぼ100パーセントが野生種で、ペットや家畜ではない。多少の例外はあるものの、ペットや家畜はあくまでも真のトーテムに出会うきっかけにすぎません。かわいがっている犬や猫が自分のトーテムだと思う人は大勢います。ペットも癒しや元気を与えてくれますが、トーテムとしての力は野生種に劣ります。自分の愛犬は、オオカミやコヨーテといったイヌ科の野生種へのリンクかもしれません。愛猫は同じネコ科のヒョウ、ライオン、トラのトーテムに出会うための足がかりかもしれません。ほとんどの場合、ペットや家畜は飼い主とトーテムの仲介役であり、トーテムと上手につき合うための練習相手です。

5．トーテムが人を選ぶのであって、人がトーテムを選ぶのではない。動物をひとつ選べば、すぐにコミュニケーションが始まると勘違いしている人は多いようですが、その場合の選択基準はたいてい個人の好みによるもの。相性ではなく、見た目やイメージを優先してしまいます。それでは満足のいく結果は得られないでしょう。動物に優劣はありません。どの動物も唯一無二のパワーを秘めています。たとえワシが好きでも、ワシのパワーに圧倒されて身の縮む思いをするよりは、ネズミのパワーを授かって自分の本領を発揮するほうがずっといいのです。自分の能力を最大限に引き出してくれる動物は「向こうから」やって来るものです。

6．**トーテムとの関係は努力して築いていくもの。**トーテムと意思の疎通を図るには敬意を持って接するしかありません。相手を知る努力をしましょう。動物はすぐに打ち解けてくれるわけではありません。人間を信用し、人間の限界を知る必要があります。私たちも動物を信用し、その限界を知らなくてはいけません。それには時間、根気、努力がいることを覚えておいてください。

7．**トーテムのパワーを授かるにはトーテムに感謝の意を示すこと。**こちらが感謝をすれば（自分にとって大きな存在であることを示せば）、トーテムはそのぶん役に立ってくれます。トーテムを敬い、引き寄せるには次のようなことを実践してみましょう。

- ●トーテムアニマルの絵を飾る。
- ●トーテムアニマルの絵を描く。
- ●トーテムアニマルに関する情報をできるだけ集める。
- ●トーテムアニマルをモチーフにしたグッズを集めたり、プレゼントしたりする。そうすることでトーテムの存在をいつも身近に感じられます。
- ●寄付やボランティアをとおして野生動物の保護団体を支援する。

●全身で感謝を伝えることも有効。トーテムアニマルの動きを真似てみましょう。カメをトーテムに持つ人はカメのように這ってみる。ライオンをトーテムに持つ人はライオンのように悠然と歩いてみる。鳥がトーテムなら、空を飛ぶ姿を真似てみる。このとき大切なのは、トーテムアニマルの姿をずっとイメージすること。その動物になったつもりで、本領を発揮する自分の姿を思い描きましょう。「トーテムとつながるための最高のツールはイメージである」ことを肝に命じてください。

8. **ひとつのトーテムアニマルと信頼関係を結ぶと、ほかの動物にもつながることができる。**トーテムはひとつとはかぎりません。どの動物もそれにしか教えられないこと、与えられないものがあります。メインのトーテムを中心として、トーテムのネットワークを広げることは可能です。例えば、スタミナが欲しいときはクマをイメージして、そのパワーを分けてもらいましょう。スピードが必要なら、チーターにコンタクトを取ります。メインのトーテムをつうじて、いろいろな動物のエネルギーにアクセスすることを学びましょう。

9. **一生のつき合いになるトーテムもいれば、特定の役割を果たすトーテムもいる。**一日限りのトーテム、ピンチのときにだけ手を差し伸べてくるトーテム、数年周期で現れるトーテム、創作活動を助けてくれるトーテムもいます。状況が変われば、訪れるトーテムも違うでしょう。トーテムの数を決める必要はありませんが、大切なのはつねにつながっているトーテムをひとつは持つこと。そのトーテムをつねに意識することで、第二、第三のトーテムを呼び込みやすくなります。

10. 同じトーテムを持つ人はたくさんいる。私の知り合いのなかにも、オオカミをトーテムに持つ人が複数います。トーテムが個人にもたらす影響はだいたい似通っていますが、違いもあります。例えばオオカミに宿るパワーや精霊は人によって現れ方が異なりますが、それは一人ひとりの個性が異なるからです。トーテムの役割は人によって千差万別です。

親しい人同士は同じ動物をトーテムに持っているかもしれません。トーテムの共有によって絆が深くなり、さらに建設的な関係が築けるでしょう。同じトーテムアニマルが夫婦ふたりを見守ることもあります。夫婦にかぎらず、瞑想やヒーリングの仲間同士が同じ動物をトーテムに持つケースはよくあります。

トーテムアニマルに出会うためのエクササイズ

これから紹介するエクササイズはトーテムの特定に役立つものです。「創像力」を生かして動物の世界に効果的にアクセスしましょう。ただの空想に終わってしまうのでは、と心配する必要はありません。意味のないことが頭の中に浮かぶことはありません。

このエクササイズのコツは気分を楽にして、あらゆる先入観を排除すること。トーテムアニマルが自然と姿を見せてくれるように心の環境を整えましょう。自分が「選ぶ」のではなく、トーテムアニマルに「選んでもらう」という姿勢が大切です。その動物は象徴的なメッセージをたずさえて私たちの前に現れます。そのメッセージを理解し、教訓にすることで、その動物のパワーにアクセスしやすくなるでしょう。

やっかいなのは創像した結果をどう解釈するかです。創像した動物は鳥類、哺乳類、昆虫類、爬虫類かもしれません。その動物に関する本を読み、情報を集め、研究することが正しい解釈への第一歩です。ただし、イメージのなかに登場した動物をすぐにトーテムと決めつけてはいけません。創像力は有効なツールですが、使い方を間違えれば誤解が生じます。トーテムとおぼしき動物が本当にトーテムかどうか、次のように自問してみましょう。

●その動物と対面した感想は?
●その動物を見て、どんな感情が沸いたか。
●その動物に以前にも興味をもったことはあるか。
●その動物から何を連想したか。
●その動物にどう反応したか。

期待はずれというだけで、イメージのなかに出てきた動物を否定してはいけません。その逆に、期待どおりの動物が出てきたとしても、その生態や特徴を検討するまでは確かなことは言えません。

後の章でトーテムアニマルの特徴や象徴性を個別に説明しますが、それを読んだだけですべてを理解したとは思わないこと。自分なりにリサーチすることが大切です。この動物は自分にとって何を意味し、どう役に立ってくれるのか。それを追求することはトーテムアニマルに敬意を払うことにつながります。

しかし、どれほどリサーチしても、その動物がトーテムと思えないときは、エクササイズをやり直せばいいのです。また、イメージのなかの動物が牙をむくなどの威嚇行動を取ってきたら、すぐにエクササイズを中断しましょう。ためらうことはありません。何度やり直そうが、どこで中断しようが、自分の一存で決めてかまわないのです。チャンスは一度ではないし、そのチャンスをどう生かすかは自分しだい――それはトーテムアニマルの教えでもあります。

動物の恐ろしいイメージは恐怖心の表れかもしれません。あるいは未知の動物に対する拒絶反応かもしれません。人間は頭で理解できないものに対してアレルギー反応を起こすクセがあります。「知らぬ神よりなじみの鬼」ということわざどおりです。

たしかに、恐怖の権化のような動物と創像の中で対面するのは愉快ではありません。心細さ、不安、無力感が伴います。怖くて仕方ないときは、日ごろかわいがっている動物かペットに登場してもらいましょう。その動物を連れている自分をイメージするのです。これで気持ちが落ち着き、心強くなるでしょう。

トーテムと出会うエクササイズは基本的に次の手順で行います。

1．リラックス。

2．イメージの中で洞穴か樹木の幹の中に入る。

3. そこを通り抜けて草原に出る。

4. 平和な自然を体感。

5. 動物の登場を待つ。

6. 動物が話しかけてくるのを待つ。

登場した動物の動き、声、体つき、色などはトーテムとしてのパワーを示すメッセージです。その動物の考えていることが頭の中に聞こえてくるかもしれません。その動物は過去に自分を支えてくれたかもしれないし、今後も支えてくれるかもしれません。それを語ってくれるのを待ちましょう。

7. 姿を見せてくれた動物に感謝し、1週間後にまた登場してくれるように頼む。

本当のトーテムなら、それと分かるように姿を現すでしょう。その場合の現れ方はひとつではありません。石や岩の模様として登場することもあれば、夢の中に出てくることもあります。その動物の絵、グッズ、テレビ番組などを頻繁に見かけるかもしれません。いずれにしても、はっきりと分かる形で、しかも偶然とは思えない頻度で自分の存在をアピールしてくるはずです。

8. 洞穴か樹木の幹に戻り、来た道を引き返す。

9. そこから出て、4～5回深呼吸。創像を終える。

10. イメージの中に出てきた動物がトーテムかどうか確認する。

その動物の生態や習性を調べ、何を象徴しているのか探りましょう。その動物が宿しているパワーやメッセージは今の自分に必要かどうか検討します。

エクササイズの準備

エクササイズを始める前に集中できる環境を整えましょう。電話の電源をオフにする、ドアを閉めて鍵をかけるなど邪魔が入らないようにします。そして楽な姿勢をとりましょう。座っても横になってもかまいませんが、背中の血流が滞らないように背筋を伸ばしてください。

目を閉じて深呼吸したら、リラクゼーションを始めましょう。体の内部に意識を集中させ、暖かく心地よいエネルギーが全身をめぐるのをイメージします。足先から頭のてっぺんにかけて精気がのぼっていく様子を想像するといいでしょう。時間をかけてゆっくり行います。心身がリラックスすると、エクササイズもうまくいきます。

イメージが脱線しても気にすることはありません。脱線する前に戻って、そこからやり直せばいいのです。頭の中に自然と沸いてくるイメージを味わってください。

エクササイズを実行してみよう

リラクゼーションを実践すると身も心もどんどん軽くなります。周りのものは見えなくなり、黒いマントが全身を包み込むのをイメージします。その架空のマントは肌ざわりがよく暖かです。

創像の中でそっと目を開くと、柔らかい光が差し込み、あたりのようすが徐々にはっきり見えてきます。ここは大きな池のほとり。池の水は美しく澄み切っています。空は青く、遠くの地平線に霞がかかっています。空には太陽と月が両方出ています。今は夕暮れなのか明け方なのかよく分かりませんが「境界の時間」であることは間違いありません。それは地上界と天上界の境があいまいになる時間帯です。

右手には滝が見えます。水煙を上げて涼しげに流れ落ちる滝が池の水面を揺らし、波紋を広げています。まるで絵を見るような美しさです。

足元には青々とした草が一面に広がり、その先には木立が見えます。あたりはシーンと静まり返り、自然が呼吸を止めているかのようです。もう一度、滝に目をやると、水のカーテンのうしろに暗いスポットが見え隠れしています。そちらに向かって歩き出し、滝の前まで来ると、やはり滝の奥は洞窟になっているようです。足元に注意しながら水のカーテンをくぐり、洞窟の中に入りましょう。

驚いたことに、洞窟の中にはたいまつの火が灯っています。やさしく揺れる灯火のおかげで、ガランとした暗い空間が温かく感じられます。どこかなつかしい光景です。この洞窟は自分が来るのを待っていたのかもしれません。

奥に進むと、前方は細いトンネルになっています。たいまつの火はトンネルの中まで続いているようです。振り返ると、さきほどの滝や滝の向こうの池が遠くに見えます。とりあえず前進し、洞窟の奥へ歩いていきます。どこもかしこも暖かく、心地がいい。トンネルの入り口まで来ると、急に笑いたくなりました。思わずクスクスという笑い声がこぼれ、宝探しに行くようでワクワクしてきます。

久しぶりに童心に返った気分です。

狭いトンネルの中をゆっくり進んでいきます。明るく照らされているためか、ちっとも怖くありません。トンネルの壁に触れてみます。意外に温かく、熱い血が通っているようです。

奥に進むにつれて、道幅は狭くなり、天井は高くなります。たいまつの数は減っているのに、どういうわけか明るさは増しているようです。火の消えたたいまつが目に入ったので、足を止め、そのたいまつに触れてみると、火が消えたのは最近ではないようです。前方に目をやると、あたりが明るい理由が分かりました。50メートル先はトンネルの出口です。その出口からここまで太陽の光が差し込んでいるのです。

出口の向こうに自然の風景が広がっています。遠くの川や、緑豊かな川原も見えます。川の水面に日光が反射し、朝露のようにキラキラと輝く。川原の先には深緑の豊かな森。一瞬立ち止まり、出口までの50メートルを思い切り駆け抜けます。トンネルの外に出ると、太陽がさんさんと降り注ぎ、美しい草原が広がっています。

顔に当たる日差しは暖かで、足元の草は柔らかい。春の草花と蜜の香りが鼻をくすぐります。空気もおいしい。空を仰いで両手を広げ、その場でくるくる回ってみます。景色の美しさ、空の明るさに笑みがこぼれます。

川岸に樫の老木が立っています。その木を囲むようにして高い草が生い茂っています。こんなに青々とした草は見たことがありません。思わず駆け寄って木の下に座り、柔らかな草の上に寝転んで大の字になります。草の香りを胸いっぱいに吸い込み、上体を起こすと、木のとなりに岩がありました。

その椅子のような形をした岩に腰かけてみると、あつらえたように座り心地がいい。偶然のハプニングに笑い出したくなります。ここで深呼吸をし、岩に座ったまま、あたりを眺めます。静かで穏やか。この草原には野生の動物がたくさん集まってくるに違いありません。一瞬、彼らがうらやましくなりました。こんなに美しい空間を独占できるのですから。

岩に腰かけたまま、自然の美をしばし鑑賞。呼吸をするたびに、自分は自然の一部に、自然は自分の一部になっていくようです。

その瞬間、森の中で何かが動くのがチラリと見えました。息をひそめて、様子をうかがいます。ひょっとしたら野生動物を間近で見ることができるかもしれません。森の中で、また何かが動きました。

その何かは飛び立とうとしているのか、こちらに向かって歩いてくるのか。森のほうに目を凝らしていると、動物らしき影が見えます。どんな動物でしょうか。

決めつけるのは早すぎます。相手が完全に姿を見せるまで予断は禁物。動物はこちらの居場所を探しています。そして目が合いました。

これほどまでにみごとな、ユニークな動物を見るのは生まれて初めてです。今まで野生動物には縁がないと思っていました。相手はゆっくり近づいてきますが、不思議と恐ろしくありません。ただひたすらその姿に目が釘づけです。これは現実なのか。いや、夢に違いない！

動物はこちらの心中を察したようで、声で、動きで、仕草で自分の存在をアピールしています。ますます目が離せません。そのうち記憶が蘇ってきました。以前、この動物に助けてもらった気がします。だからこの動物が昔から気になっていたのです。そう思った瞬間、相手はトンネルに向けて歩き出しました。途中で立ち止まり、こちらを振り返っています。「ついておいで」と誘っているかのように。

岩から立ち上がり、あとをついていくことにします。トンネルの手前で相手は待っていてくれました。野生動物がこんなに近くにいます。手を伸ばせば、触れることができそうです。

恐る恐る手を伸ばし、その体に触れようとした瞬間、動物は身をひるがえして森のほうへ引き返していきます。途中で足を止め、こちらを振り返ると、森の中に消えていきました。

忘れていました。信頼関係を築くには時間がかかるのです。お互いのことをもっと知らなくては。それまで辛抱が必要です。苦笑いしながら、ひとりトンネルに入り、来た道を戻ります。

トンネルを出て、滝を抜け、池のほとりに戻ってきました。池をのぞくと、揺れる水面に自分の顔が映ります。その後ろに、さっき出会ったトーテムアニマルの姿が……。

思わず息をのみます。うれしくなって「さっきは姿を見せてくれてありがとう」と心の中でつぶやきます。すると、トーテムアニマルは水面から消え、周りの景色も薄らいでいきます。

暖かい〝架空のマント〟に意識を集中させます。トーテムアニマルの姿はしっかりと目に焼きつけました。深呼吸をして現実の世界に戻りましょう。

3

自然の予兆と動物からのメッセージを読み解く

自然や動物が見せる予兆を見つけ、解釈し、日常に生かす

環境学は生物とその生息環境の相互作用を研究する学問です。私たちと自然環境は切っても切れない関係ですが、自然が発する予兆やメッセージを解読し、活用することはできます。自然を読むことは自分の今後を正確に読むことにつながります。

予兆とは未来の出来事を暗示する現象です。誰でも一度は信じたことがあると思いますが、自然界の異変はいずれ私たちの身に降りかかるという信仰は第1章で述べた古代密教の「呼応の法則」に通じます。ある方面に影響することは別の方面にも影響します。天界は自然の変化をとおして人間にメッセージを送っているのです。

予兆は「虫の知らせ」に似て、理屈で割り切ることのできない自然との共鳴です。動物の言葉が分かるようになると、自然の現象と動物の行動には関連性があり、自分へのメッセージでもあることが見えてきます。そのうち同じ動物が毎日のように姿を現すはず。その習性、鳴き方、活動などを観察すると、その動物が次にどんな行動を取るのか予想できるようになります。

難しいのは自然や動物が見せる予兆をどう見つけ、解釈し、自分の日常に生かすかということ。この難題をクリアするには、自分が置かれている環境とそこに暮らす動物を知らなければいけません。両者の関係を、独断と偏見を排除して、ありのままに見てください。

この世に偶然はありません。万物の存在には人も動物も含めて必ず意味があります。超自然界の現象はしばしば自然界の現象となって表れることを理解しましょう。

予兆を読もうとして迷信に流されることはよくあります。予兆と迷信を混同する人はたくさんいます。予兆の解釈は自然界とその構成要素に関する知識があってこそ成り立つものです。周囲の異変は自分に起きている異変の表れかもしれませんが、そう結論づけるには充分な知識と根拠が必要。確かな知識があれば、解釈する必要さえありません。結論はおのずと出るでしょう。

一方、迷信はある現象に対する妄信や俗説のことであり、事実無根です。いわれのない不安や厄払いを指すこともあります。いずれにせよ、迷信は自然と人間の関係性を合理的に解釈した結果ではありません。

また、自然が示す予兆やメッセージを都合のいいように解釈する人も少なからずいます。自然現象をすべて「超常現象」に見立てる人もいるようです。自然の表情がいつもと違っていたり、ふだん見かけない動物を見かけたりしたときは、とくに注意してください。そうした異変はもっとも強烈なメッセージです。

身近な自然を観察、研究するにはふだんのようすを知っておくことが必要。日ごろ接する動物の種類や行動パターンを記録しましょう。ふだんを知っておけば、どれほど小さな変化でもすぐに気づくことができます。異変が起きたとき、自然は声を大にして私たちに警告します。

動物が話す言葉はごく普通に聞こえるものです。まずはそこをおさえておきましょう。私たち人間はさまざまな方法でメッセージを伝えようとします。それは言葉であり、表情であり、声の大きさやトーンです。大事なことを伝えるときは声色が変わります。その声には危機感や緊張感が漂うでしょう。自然や動物も同じです。重要なメッセージを発信するときは、かすかだけれど明らかに違う声を発します。

自然のメッセージを読み解く――古代ローマの神官「アウグル」

自然はたえず私たちに話しかけています。色、形、質感、におい、命の営みをとおして、この世界と私たちについてメッセージを発しています。その解釈は状況によって変わるので、まずはふだんの状況を知ることが先決です。

どの動物にも固有の身体的特徴、動作、形状、体色があります。人間との関係性もそれぞれユニーク。種ごとの個性は後の章にまとめましたが、それはあくまでもガイドラインにすぎません。自分なりのトーテム事典をつくってください。人間の言語には方言やなまりがあります。それは動物の言葉も同じ。動物と通じ合うには、どの方言を使うのがいちばんいいのか検討しなくてはいけません。

古代ローマでは自然の予兆を観察、解読して、公式行事の成否を占う役人がいました。その役人は鳥占官《アウグル》と呼ばれ、ローマの名将カエサルも優秀なアウグルだったといいます。アウグルはもともと鳥の言葉を理解する占い師のことでしたが、やがて鳥獣の言葉が分かる占い師の総称になりました。

彼らは自然界を広く研究し、自然が発するメッセージをキャッチし、それを理解しようと努めました。アウグルにはそれぞれ専門があり、鳥の専門家もいれば、自然現象の専門家もいました。しかし、どのアウグルも専門分野を問わず、自然全般を読み解くことに力を注いだのです。

私たちも動物の言葉を学び、予兆を読み解くには、自然とのつき合い方を根本的に改めなくてはいけません。自然はつねに人間に話しかけますが、真剣に耳を傾ける人はごくわずか。いくら話しかけても無視する相手には、さすがの大自然も声をかけなくなるでしょう。動物の言葉を本気で学びたいなら、まず自然とのコミュニケーションを再開することです。自然に対して「聞く姿勢」を示してください。

自然からのメッセージを受け取るための10の心がけ

そのために、これから紹介する10の心がけを実践しましょう。どれも簡単ですし、沼、都会、森、山、川、牧場、草原など、どこにいても実践できます。各ステップを意識的に実践すれば、メッセージを受け取る用意があることを宇宙に対して、そして自然に対してアピールできます。メッセージを受け取るには自然の言葉に耳を傾けるだけでいいのです。

1. **自然とじかに接してみましょう。** 森や公園を散策する、双眼鏡を持って海に行く、沼地を探検するなど。自分の周囲に自然はないと決めつけないこと。鳥の声を聞き、落ち葉を見て、動植物の種類を当ててみましょう。

2. **野生の動植物を観察する習慣をつけましょう。** 近所で見かける草花、樹木、動物はそこで生き抜くための知恵を教えてくれます。都会に生きる動植物には見る価値がないと思うかもしれませんが、ノラネコにもツキノワグマに劣らぬ存在意義があります。木や花は昔から神秘と魔法のシンボルで、その一つひとつに象徴的な意味合いがあります。その一部を44～45ページにまとめたので参考にしてください。

3. **周囲の景観にも目を向けます。** 詳しい説明は次章に譲りますが、自然の造形物や空間は多くを物語ります。そこに生息する動物と同様に象徴性があります。自宅の家相、庭の地相はどうでしょうか。その形状は何を物語っているのでしょう。地面に特徴はありますか。土は柔らかい？　固い？　ひび割れや傾斜はありませんか。この環境で暮らすには何が必要なのか考えてみましょう。

4. **目と耳に入ってくる自然の預言にとくに注意を払ってください。** 有形のメッセージは重要な予兆であり、精霊が宿る「物神」である可能性が高いのです。さきほど説明したアウグルは次の3点に注目しました。1．鳥獣の身体の特徴、2．羽根、毛、岩などの物神、3．遠吠えやさえずりといった動物の声。この3点を観察できる場所と時間帯をチェックしましょう。

5. **自然のなかに身を置いたとき、何に注意を引かれたでしょうか。** それは花の強い香り、カラスの大合唱、大きな樹木かもしれません。注意を引くのは重要なメッセージを伝えているあかしです。その動植物に注目し、挨拶し、感謝しましょう。次に、その動植物にどのような象徴性があるのか調べます。それは自分の身に起きていること、起きようとしていることを告げているはず。そのメッセージはどう役立ち、自分の何を指摘しているのか考えてみましょう。

6．観察に慣れてきたら、天然の色彩に注目してください。

ひときわ目を引く花や草木は何色でしょうか。そのなかで頻繁に見かける植物は何でしょう。鳥はどんな色をしていますか。出会う動物に共通する色は？　動物の体色を見れば、どんなパワーを授かることになるのか大体の予想がつきます。

いずれ分かりますが、動物の体色にはその動物が宿す意味合いやパワーが鮮明に表れます。トーテムとしての効力や影響力を如実に物語るのです。カラスの黒は神秘の象徴、あるいは闇から光を引き出す力を反映しているのかもしれません。トーテムとして現れたアカギツネはクンダリーニ（人体内に存在する根源的生命エネルギー）の覚醒を告げている可能性があります。

色の意味合いを研究すれば、自然の中で接するものの意味合いも分かるでしょう。色はエネルギーの発露であり、良くも悪くも象徴性があります。

地味な色、目立たない色の動物にしか遭遇しなくても、気にすることはありません。動物の体色はサバイバルに貢献していることを忘れないでください。目立たない色は一種の保護色でしょう。この動物の体色は何の役に立っているのか考えてください。その色がもつプラスの意味を自分の人生にどう生かせばいいいか、マイナスの意味合いは何かの警告ではないかと自問し

樹木の象徴的な意味

イトスギ	犠牲の意味の理解
オレンジ	明快な喜怒哀楽、トラウマの解放
カエデ	バランス、霊能力の実践、約束
カシ	我慢強さ、有用、持続
カバ	始まり、過去の清算、未来の探求
クルミ	激動の沈静、我が道を行く
クワイチジク	コミュニケーション、愛、受容
サクラ	死と再生、覚醒
サンザシ	豊穣と創造、驚異
スイカズラ	過去の教訓、識別、変化
トウヒ	新たな悟り、癒し、直感
トネリコ	犠牲、感受性、英知
ニワトコ	生と死、精霊界の復興
ハシバミ	隠れた英知、占いと預言
ヒイラギ	保護、怒りの克服、魂の戦士
ヒマラヤスギ	癒し、浄化、保護
ブナ	忍耐、古来の知恵、過ぎた自己批判を和らげる
ヘザー	自己治癒、不滅、創始
ポプラ	決意、恐れや不安の克服
マツ	痛みと感情のバランス、創造性
ヤシ	保護、平和、機会
ヤナギ	魔法、癒し、心の目、夢
ライラック	精魂、真の美を悟る
リンゴ	魔法、若さ、美、幸福

花の象徴的な意味

アイリス	霊感、純心
アサガオ	型破り、自発性
カーネーション	深い愛情、癒し、自愛
カスミソウ	慎み深さ、愛らしさ
キンギョソウ	意志、表現力、霊聴力
キンポウゲ	自尊、言霊（ことだま）
クチナシ	品行方正、心の支え
グラジオラス	預言の感受
クローバー	幸運、愛情と誠意、慈悲
サボテン	美と豊かさの具現
スミレ	謙虚さ、満足、霊感
ゼラニウム	幸福、癒し、新たな喜び
ダリア	進化、自尊、威厳
ハイビスカス	女性らしさ、性、温厚さ、創造
バジル	調和、自制、強壮
バラ	愛、沈黙の力、情熱
ヒナギク	覚醒、創造性、精神力
ヒマワリ	機会、自己実現、幸福
ヒヤシンス	悲しみを乗り超える、やさしさ、内なる美
ベゴニア	バランス、霊能
マリゴールド	誠実、長寿、献身
ユリ	誕生、神の御心、謙虚
ラッパズイセン	内なる美の力、思考の冴え
ラベンダー	魔法、愛、保護、癒し、展望
ローズマリー	活力、思考の冴え、繊細さ

ます。

参考までに一部の色の象徴的な意味合いを一覧表にしました。自然界の色は微妙に変化するので、柔軟に解釈してください。

7. 予兆を解読するスキルを上げるには、動物の数に注目する方法もあります。

数字も色と同じで象徴的な意味合いを持ちます。数をヒントにすれば、トーテムのパワーをどの場面で活用したらいいのか、自然が何を伝えているのか具体的に分かるでしょう。

例えば、野原を散策中に3羽のカラスが頭上を通過したとします。しばらくすると、別のカラスがやはり3羽で現れました。カラスは無や闇を象徴しますが、3という数字が絡むと解釈が違ってきます。3は創造と誕生のシンボルです。つまり、この場合の3羽のカラスは新しい生命の誕生、無から有が生まれる可能性、闇から光が出る予兆です。

数字の象徴的な意味合いも動物の言葉を理解する一助になります。私たちが自然の言葉のボキャブラリー（色、数、植物、動物）を理解すればするほど、自然はさらに語りかけてくれます。よく見かける動物はいつも何匹（羽）で現れますか。カラスなどの鳥獣に「呼ばれている」と感じることはありませんか。あるなら、何回くらい？　その動物の鳴き方に一定のパターンやリズムはありませんか。

ふだん見かけない動物を見かけたときは要注意です。短い期間に何度も見かけたときは、とくに注目しましょう。私自身は数日間でアカギツネを繰り返し目撃したことがあります。歩いていても、車を運転していても、目の前をアカギツネが横切るのです。キツネはカムフラー

色の意味

	プラスの意味／マイナスの意味
青	幸福、平穏、真実／意気消沈、孤立
赤	セックス、情熱、強壮／怒り、激情、衝動
オレンジ	温厚、喜び、創造性／虚栄、動揺、不安
黄(ゴールド)	コミュニケーション、楽観、ひらめき／白黒つけたがる、過度の批判精神
グレー	創始、想像／アンバランス、排他的
黒	保護、誕生、魔法／排他的、犠牲
白	純潔、共有、真実／支離滅裂、背伸び
茶	安定、成長／識別力の欠如
緑	成長、癒し、豊かさ／不確実、強欲
紫	錬金術、謙虚、魂／執着、誤解を招く

ジュの天才で身を隠すのがうまいだけに、何度も私の前に現れたのには大事な意味があると思いました。そこでアカギツネの象徴性、出現した回数、移動した方向などを調べ、その結果を自分の日常に生かすことができました。

数字の意味合い、とくに数秘術を研究すると、自然の言葉のボキャブラリーが豊かになります。数秘術では1から9までの1ケタの数字を重視します。各数字の意味合いは次ページの一覧表を参考にしてください。

8．動物の言葉や自然の予兆を知る手がかりは、動物が現れた方角にもあります。

東西南北などの方位にはそれぞれ意味があります。

方位の解釈は時代や地域によって違います。なかには俗説化したものもあります。例えば、朝一番の鳥のさえずりがどこから聞こえてきたかによって運勢を占うものがあり、北なら凶運、南なら豊作、東なら恋愛運の上昇、西なら

数字の意味

	プラスの意味合い／マイナスの意味合い
1	始まり、独自性、指導力／横柄、威圧的
2	女性らしさ、夢、協調／感傷的、過干渉
3	創造、誕生、神秘的／おしゃべり、感情的
4	礎、我慢強い、造形／頑固、融通がきかない
5	多才、変化、活動的／落ち着きに欠ける、不摂生
6	家庭、奉仕、家族／嫉妬深い、心配性
7	知恵、探究、真実／不誠実、批判的
8	権力、財、無限／強欲、権威主義
9	癒し、理解／利用されやすい、過剰反応

※元の数字が2けたなら、十の位と一の位の数字を1けたになるまで足す。
例 23 = 2 + 3 = 5

吉運とされました。

自然や動物と親しく交信できるようになると、トーテムに現れてほしい方角を伝えることもできます。それには、まず各方角の意味を自分なりに研究し、定義することが必要です。独自に解釈した方角から現れた動物は、その方角の象徴性とパワーを連れてきてくれるでしょう。

例えば、西を「癒しの方角」と自分で定義した場合、西から現れるキツネは癒しをもたらしてくれるはずです。もっと詳しく知りたいときは、キツネが何を象徴するのか研究しましょう。キツネは周囲に溶け込むようにして身を潜めるのが得意です。そのキツネが西から現れたのは「今まで隠してきたか、気づかなかった心の傷を癒すときが来た」と解釈できます。

東西南北が意味するところを49ページの一覧表にまとめました。あくまでも一般論なので、こだわる必要はありません。自分なりに定義しましょ

方角の意味

東	癒し、創造性、啓蒙、先見と直感、新生と太陽、学び、強い意志
西	展望、夢、探究と旅、喜怒哀楽、想像、芸術、女性、高い志
南	浄化、信心、強靭さ、童心回帰、困難の克服、遊び心、変化、保護、自足、信頼、復活
北	教示、潤沢、バランス、天賦の知恵と知識、やさしさ、感謝、心の宝物の発見、共感、信頼、錬金術

う。その方角から動物が現れたときは、何を伝えにきたのか分かるはずです。

方角だけでなく、動物と自分との位置関係もチェック。その動物は自分から見て、どちらの方向に移動したでしょうか。その動物が現れたのは自分の右側、左側？　左から右に動いたのか、その逆だったのか。近づいてきたのか、離れていったのか。そのすべてに意味があります。

一般的に、右は男性的で積極的、左は女性的で消極的とされます。左側に現れた動物はパワーの温存を促しているのかもしれません。その反対に、右手に現れたのなら「パワーの発散」「パワーを発散する必要性」と解釈できます。また、動物が右から左に横切るのは、その動物のパワーを授かる予兆か、そのパワーが自分の中に芽生えたことを暗示しているのかもしれません。

方位や移動方向の意味を自分なりに定義するには、毎日5分間、瞑想します。1週間ほど続ければ、イメージが沸いてくるでしょう。それについては自然にアドバイスを乞うことも可能です（詳しくは10番の項目を参照）。

9. 自然の予兆やメッセージは、動物と出会ったときの動物の行動にも表れます。動物の移動方向に重要な意味があることはさきほど述べましたが、そのとき動物が何をしていたか（していなかったか）も同じくらいに大切です。動物の行動を読み解くには、その動物の習性や日ごろの活動を知る必要があります。

動物がじっとしているのは「休養を取りなさい」というメッセージかもしれません。日ごろは忙しそうに木の実を集めるリスが、鬼ごっこをして遊んでいるのは「遊びが足りない」ことを私たちに戒めているのかもしれません。動物同士が争っているのは、自分の周囲に争いが起きる予兆かもしれません。動物がケンカしていた理由が分かれば、自分の周囲にどのような争いがおきるのか予想できるでしょう。

10. 最後に、いちばん大切な秘訣を紹介します。それは自然や動物に直接アピールすることです。話しかけてもらいたかったら、こちらから働きかけることが大切です。

そのためにも外に出て瞑想しましょう。地球に向かって祈りを捧げ、応答してくれるように頼みます。外に出たら、五感をフルに働かせること。目、耳、鼻、手で感じ取ったことは今の自分にどう関係するのか考えます。友達をつくるには頼みごとをするのがいちばんといいます。頼みごとをするのは相手の存在価値と能力を認めているあかし。どうすれば自然と対話できるのか、自然に直接聞いてみましょう。それは地球にとって、自分自身にとって、いちばん意味のある頼みごとになります。

自然の言葉が理解できるようになったら、伝達方法をリクエストしてみましょう。そのひとつがトーテムを仲介にすることです。トーテムと通じ合えるようになったら、今度はトーテムに対して「こういう方法でメッセージを伝えてほしい」と頼みます。トーテムからのメッセージであることが確実に分かる方法がいいでしょう。

タカは私のトーテムのひとつです。数年かけて信頼関係を築いたおかげで、今ではどこにいてもタカにコンタクトできるようになりました。遠出をするときはタカに警護と道案内をお願いし、「この願いを聞いたら1時間以内に姿を見せてください」と祈ります。期待を裏切られたことは一度もありません。タカは決まって1時間以内に現れます。看板や街路樹に止まることもあれば、目の前を横切るときもあります。タカの姿を確認したら、丁寧に礼を言います。

夜間に出発するときは「代わりのトーテムを寄こしてください」とタカに頼み、旅の無事と安全を祈ります。タカは夜間には飛ばないからです。暗い道中でシカやフクロウなどの夜行性動物を見かけると、タカに守られていることを実感します。

トーテムとの信頼関係が確立すると、欲しい情報を望む方法で教えてもらえます。私は運転中に渋滞や検問について尋ねることがあります。タカの気配を感じたら、タカのそぶりと位置を確かめます。タカは目を合わせているか、いないのか。私の前方、後方、頭上のどこを飛んでいるか。道路のどちら側にいるのか。

そうやって何年もタカと対話するうちに、道路の状況や検問のあるなしをタカに教えてもらえるようになりました。タカの情報が間違いだったことは一度もありません。いつも正確です。

このレベルにまで達するにはトーテムとの信頼関係を築き、メッセージを乞うことから始めましょう。

4

風景が象徴するメッセージ

動物たちの住む世界

前章でも述べたように、自然が動物をとおして何を伝えようとしているのかを理解するには、野生動物の住環境を研究するのもひとつの方法です。動物を観察できる場所、動物と触れ合える土地は、トーテムアニマルを研究するうえで大いに参考になります。

精霊界の使者は自然の一部となって姿を現すことを忘れてはいけません。例えば、山頂は「山のてっぺん」というだけではすまない大きな意味合いを含んでいます。

住む世界（住環境）によって生物のありようは変わります。自分の周囲を見渡せば、今の自分が分かります。先人たちは土地や空間の形状を重視しました。そこにダイナミックな地相を見たからです。自然の造形物やそこに存在する生き物に注目すると、自分の置かれている状況もよく見えるのです。次の点に注目して景色を観察しましょう。

●景色の大部分を占めるもの（樹木、草花、土など）
●景色を象徴するもの
●地面の状態（柔らかい、硬い、ひび割れている、傾斜があるなど）
●景色の一部と全体とのバランス
●景観の変化（季節ごとの変化、年間を通じての変化）
●景色の大部分を占める色
●景色の大部分を占める動植物

ほかにもチェックすべき点はいろいろありますが、景色に含まれる象徴的な意味を一つひとつ検証する余裕はないので、ここでは要点の解説にとどめておきます。それを参考にしながら、詳細な要素については各自で研究してみてください。

東洋（とくにインドとチベット）には「ヤントラ」「ジオマンシー」という地相診断があります。地相は部屋、庭、公園といった身近な空間にも当てはまります。西洋ではジオマンシーを占いと考えがちですが、その歴史と応用範囲の広さは占いの枠にとどまりません。

中国の風水は先人の知恵にもとづいて家具や建物の配置を決め、自然と調和することを目指します。風水は環境学、神秘学、建築学にのっとった考え方です。中国を始めとする多くのコミュニティは自然環境と人間がダイナミックに連動していると考えました。風水は空間の象徴性を明文化していてその対象は地方、都市部、住宅街、民家の間取りにまで及びます。空間のありようは個人を象徴し、人柄や将来に影響するとか。その解読、解釈は大自然の言語を充分に理解することで可能になります。

風水では自然の造形物を何らかの象徴と見なします。例えば、山は番犬かドラゴン、川はヘビ、丘は防壁です。樹木は長寿と保護、水気のない平野は活気のなさを意味します。それを動物のトーテムに応用すると、解釈は格段に広がります。

風水の解釈は都市部の環境にも応用できます。山を高層ビル、川を道路に置き換えてみましょう。高層ビルなどの建造物のサイズ、形、色は気の流れに影響し、ひいては私たちの日常を左右します。道路が伸びる方角や道路のカーブにも同じことが言えるでしょう。

自分とトーテムの住環境を研究すると、自分についてもトーテムの役割についても多くを学ぶことができます。行く先々で出会う景色や野生動物をじっくり観察し、その象徴的な意味合いを探ってみましょう。その場所ならではのメッセージが聞こえてくるはずです。それを理解するためには想像力、常識、直感、知識を総動員しなくてはいけません。

都市部で見られるシンボル

現代人の多くは都市部に住まざるを得ませんが、だからと言って、自然や動物の言葉を学ぶ機会がないわけではありません。都市には都市でしか学べないことがあります。

それは都市部にしか見られない多様性、流動性、順応性に関する事柄です。行き交う人たちや街なみを観察してみましょう。自分が住む街はどのような形をしているのか。その形状は何を意味するのか。公共の建物（庁舎など）はどの方角を向いているか（東西南北にも象徴性がある）。自宅の向きは？家や庭の形は何を物語っているのでしょう。

風水や地相の専門家によれば、最善の形状は長方形か正方形。どちらも安定を意味するからです。自宅周辺の路地はどうですか。家の裏手が高台になっているのは吉相とされます。近所に緑が多いのは運気の流れが良好なあかしです。

街や住宅地も呼吸していることを肝に銘じておきましょう。そこに暮らす人間は自宅、近所、街なみの影響を受けます。人は住環境に反応し、同化していくのです。

都市部にも自然の営みがあります。都会でたくましく生きる動物たちは、非常に高い適応力を持っています。こうした動物を色眼鏡で見てはいけません。

例えば、ドブネズミにも解釈の余地がいくつかあります。十二支におけるネズミはユーモラスで、フットワークが軽く、変化を好むといいます。都会の動物も、野生動物と同じように種ごとの特徴を研究する価値があるのです。

森林で見られるシンボル

象徴としての森林には長い歴史があります。それだけに森林のもつ意味合いはさまざまですが、そこに共通するのは母性、創造、誕生です。森林の種類、密集度、おもに自生する植物などをリサーチすれば、具体的な意味が分かるでしょう。

森林は野生動物のオアシスであり、人間の文化や支配が及ばない空間です。手つかずの森林を見つけるのは難しくなりましたが、たまには森林浴を楽しみたいものです。心が洗われるのが分かるでしょう。

森林は潜在意識の象徴です。のぞけるけれどものぞいたことのない領域を暗示します。森を怖がる人が本当に恐れているのは自由であり、隠れた才能であり、潜在意識を解放することなのかもしれません。

森林の生態系は独自のルールで営まれており、とくに都会の住人には別世界に思えるでしょう。それでも森林は人目を気にせず思いのままに創造力を開花させたり、伸ばしたりできる場所です。

庭で見られるシンボル

都市部に暮らす人にとって、庭や花壇は自然と触れ合う貴重な場所。生き物の成長を観察できる「自然のミニチュア」と言えるでしょう。

庭は自然を人工的に管理する空間であり、いわば閉ざされた自然です。命が生まれ、育つ場であることから母性を意味します。庭で育てるもの（花、野菜、ハーブなど）と庭に集う動物はじつに象徴的です。そこには自分の才能や独創性をどれだけ発揮しているのかが表れます。

庭の植物が花や実をつけるころになると、自然との対話が増えていくでしょう。温室で栽培する植物を庭に植えたくなるかもしれません。屋外に植えれば大きく育ち、動物を寄せますから、動植物とのつながりがますます強くなるでしょう。

庭づくりは、象徴的に解釈すれば、自然が発するメッセージに耳を傾け、動植物と積極的に対話しようという姿勢の表れ。「私はガーデニングは苦手。何を植えても枯らしてしまう」という嘆きを耳にすることがありますが、死も自然の一部ですから臆病になる必要はありません。植物を枯らしてしまうのは、力不足や焦りに対する戒めかもしれません。

何をやるにしても、結果が出るまでには時間がかかるものです。すぐに自然と友達になれる、動物の言葉は簡単にマスターできる――そんなふうに思っていると、俗説に惑わされ、失望するだけでしょう。植物が芽を出し、根を張るまでには時間が必要ですが、自然の一部とつながることで自然のすべてとつながる足がかりができます。

自宅の内外で見られるシンボル

住まいを見れば、その人が分かります。家の内外にいる生き物も家主の人柄を表します。ペットを飼っている人はその動物の特徴、性格、自分との関係を考えてみましょう。世の中には無責任な飼い主もいて、あきれるばかりです。ペットの世話も満足にできないのに、野生動物とつき合えるはずもありません。また、自宅の近くでよく見かける動物に注目しましょう。

家は家主を表し、家主に影響します。家は知恵の宿る場所で、人体や考え方を象徴します。いちばん長く過ごす部屋はどこですか。その部屋はどんな形状でしょう。部屋のようすは？　片づいているか散らかっているか。汚い、清潔、寒い、暖かい？　居心地はどうでしょうか……。

都市部に暮らす人にとって、住居は大きな意味を持ちます。自宅は安心、安全な場所でなければいけません。安心できる家には、安心して生き物が集います。帰宅するたびに、どんな気分になるでしょう？　玄関を出るときはどうですか。

家の周囲や近所にいる動物は家主を映す鏡です。引っ越しを予定している人は引っ越し先の地域にどういう動物がいるのかチェックしましょう。また、動物を見かける場所も重要なポイント。家の正面に現れる動物は自分の表の顔、人に見せている一面、意識している自分を反映することが多いのです。その反対に、家の裏手でよく見かける動物は裏の顔、人に見せ（たく）ない一面、意識していない自分を象徴している可能性があります。住居の内外は、自然が発するメッセージを読み解くヒントです。

例えば、玄関前にリスが頻繁に現れるのは「多忙な人」と見られている証拠かもしれません。他人の目には「まめで活動的な人」と映っているのでしょう。リスが自宅の裏に現れるのは人目につかないところで忙しくしているからではないでしょうか。

沼で見られるシンボル

沼には多種多様な生物がいて、多くの水鳥が集います。詳しい説明は5、6章に譲りますが、水鳥が象徴するのは感情の浄化。水鳥は心の風通しを良くしてくれます。

沼は生物の腐敗や分解が起きる場所で、水と泥がいやおうなしに混じり合います。分解は再生へのプロセス。古い命が朽ちて分解されるからこそ、新しい命の生まれる余地ができるのです。そのプロセスは私たちの人生にも通じます。沼に生息（出現）する動物をトーテムに持つ人は、そのことを心に留めてください。

アーサー王と円卓の騎士の伝説で、最後に聖杯を手にするのがガウェイン卿です。沼はガウェイン卿の冒険の舞台として、また試練の場として作中に登場します。沼に縁のある動物をトーテムに持つ人は、ガウェイン卿の物語を一度読んでみるといいでしょう。

沢や谷で見られるシンボル

沢は自然の宝庫です。近くに川が流れていることが多いので、川の意味合いも調べてみましょう。天然の水源は沢を潤します。沢には樹木も育ちますが、むしろ注目したいのは草花が波打つように生い茂ることです。風に揺れる草のじゅうたんはソフトな景観を呈します。

沢の土は養分をたっぷり含みます。沢に生息する動物は人生を豊かにするヒントをくれますが、同時に豊かさに欠ける部分をも暗示します。沢を観察するときは景観の大部分を占める色や花、全体の形状に注目しましょう。沢は動植物が静かに、おだやかに育つ空間です。

谷と沢は混同されやすいのですが、谷のほうが低地にあります。谷の地質も肥沃で、砂漠とは対照的です。谷は生命の誕生、豊穣を象徴し、創造性を育む空間とされてきました。谷にゆかりのあるトーテムは創造力を豊かにしてくれます。伝説や民話では、賢者が住む場所として描かれることがあります。

山で見られるシンボル

山は精神力と気高さの象徴と言われます。山に暮らす動物を見ていると、自分の精神力に気づくことがしばしばあります。

そそり立つ山々は男性性のシンボルとされてきました。その形状は男根をイメージさせるとともに自己顕示欲を表します。中国では山を度量の広さ、山脈をドラゴンに例えます。

山は魂の変容を表すこともあります。山で出会う動物は、自分をどのように変容させればいいのか教えてくれるでしょう。神話に登場する山はたいてい内部が空洞になっていて、オーブンのように機能します。入山者の魂を絶妙な火加減で焼き上げるのです。山中の空洞は冥界または精霊の住まいとして描かれました。山に暮らす動物は異界への案内役と解釈できるでしょう。

山は、困難を乗り越えたときの達成感を思い出させてくれます。空高くそびえる姿は天と地を結ぶ地軸のイメージ。かつて城の多くが山頂に建てられたのは、神とつながり、天の力を地上に授かるためでした。山は高い志、崇高な魂、天界との交信を意味します。

ぬかるみで見られるシンボル

ぬかるみができたとき（雨が上がったときなど）に見かける動物は非常に重要なメッセージをたずさえています。泥は土と水の混合物。この組み合わせは進展と進化を象徴します。

泥は命が宿る場所、生命誕生の地です。ぬかるみは私たちの人生に新たな胎動が起きていることを知らせます。ぬかるみに集う動物を見れば、それが何の胎動を意味するのか分かるでしょう。

ぬかるみは「大地とのつながりを強くせよ」と促しているのかもしれません。大地とつながる方法は、ぬかるみに集う動物が教えてくれるはずです。ぬかるみは「芽を出す」チャンスの到来を告げています。

ぬかるみや泥にはまった動物を見かけたら、トーテムからの警告と受け取りましょう。人生の泥沼にはまっていないか。最近の精神状態はどうだろう。後悔やトラウマに足を取られて前進できないのでは？　そんなふうに自問してください。

海洋と河川で見られるシンボル

水の重要性は昔も今も変わりません。水は命の源です。生命の起源は海にあるとする神話や教典はいくつもあります。海は母体、母性、女性のシンボルです。海の意味合いは海洋生物のトーテムにもそのまま当てはまります。

海を含む天然の水源には躍動感があります。絶え間なく流れる水は私たちの人生を代弁しているかのようです。水中に生息する動物は人生の波に対処する方法を教えてくれます。海は可能性の宝庫でもあります。

大海原は潜在意識や無意識の領域を象徴します。海に縁のあるトーテムは、眠っている意識を呼び覚まします。波は精神状態の表れです。海面や川面は私たちの心を映す鏡と言えます。

川は命の営みや時の流れに例えられます。生物は水を求めて川に集まり、川の流れは時間の流れを連想させます。川に暮らす動物、川岸で出会った動物は過去や未来とのつきあい方を教えてくれるでしょう。

川の流れはたえまない進化を表します。その水質、流れの速さ、そこに集う動物を観察することで自分のどの部分が進化しているのか、どうすれば最善の形で進化できるのか分かるでしょう。

岩場で見られるシンボル

岩場の解釈は何通りもあり、そこに生息する動物によって変わります。神話や民話に出てくる岩は「乗り越えるべき試練」として描かれました。岩場は「本当の自分」を象徴することもあります。岩場の特徴が違えば、象徴的な意味合いも違います。山奥の岩場が神の住まいとされたのは人跡未踏のスポットだからでしょう。

岩場は安全、堅強、安定のシンボル。岩の上に立つと一気に視界が開けます。岩山に登る人がひけを取らないのも周囲の景色を一望できるからでしょう。

トーテムの住む場所、トーテムと出会った場所に注目しよう

動物の言葉を学ぶには動物を観察することが大切ですが、それだけで分かった気になってはいけません。神が託したメッセージを完全に理解するには、トーテムと出会った場所についても研究すること。その場所とトーテムの生息地が違う場合は後者についても調べてみます。

私たちは一生のうちでさまざまな動物、自然の造形物、気象に接します。そのすべてが何かを語りかけてくるはず。動物に託された大自然のメッセージを聞き取るためには次のように自問しましょう。つねに自分に問いかけることで、動物の言葉に隠された天の声を理解できるようになります。

●この動物の特徴と意味合いは？　ここは彼らの生息地なのか、それとも越冬地なのか
●本来の生息地は？　その地は何を象徴するのか
●トーテムと出会った場所の特徴は？　そこは何を象徴するのか
●トーテムと出会ったときの天候は？　トーテムがもっとも活動的になるのはいつごろか
●この場所とこの動物は私や私の生き方について何を言おうとしているのか

第Ⅱ部 翼のもつ魔力

5

自分を飛躍させる「空の通過儀礼」と鳥

神話と鳥

鳥には古くから伝わる神話や信仰があります。

そもそも先人にとって動物とは、目に見えない偉大な力の目に見える使者でした。ですから神の御心を理解するにはその創造物を理解するしかないと考えたのです。その考えはとくに鳥類にあてはまります。鳥の習性や特徴は自然界と超自然界のメッセージを表しているとされました。

鳥は神であり、神託でした。北欧神話の最高神オーディンはフギン（思考）とムニン（記憶）という2羽のカラスを使者にし、メキシコ神話のケツァルコアトル神はしばしば「羽蛇」と称されます。アメリカ先住民の言い伝えに登場するサンダーバードは神通力を有する霊鳥です。エジプト神話の記述によれば、太陽神のホルスは鷹の頭部を持ち、真理の女神マアトはダチョウの羽飾りを髪に挿していたとか。ヒンズー教徒にとって鳥は神格でした。

伝説、民話、神話を読むと、擬人化された有翼の生き物が数多く描かれています。ギリシャ神話のペガサスは天馬、ハルピュイアは女面の怪鳥。不死鳥のフェニックスは自らを犠牲にして火の中に飛び込み、灰となり、その灰から蘇ります。伝承に出てくる天使は翼を持ち、そのほとんどが鳥に似た精霊として描かれています。

原始の人々にとって鳥は天上人であり、雷を起こし、雨を降らすと考えられました。翼を広げて空を舞う姿は私たちの想像をかき立てます。鳥は、空を飛ぶという特殊な能力を持つゆえに神秘的、象徴的に解釈されることが多く、死を予告し、福と災いを運んでくると言われました。天使や天啓、悪魔や破壊者と呼ぶ人もいれば、霊魂と見なす人もいます。私自身は幼いころに「洗礼を受けずに亡くなった赤ん坊はみな鳥になる」と修道女から教わりました。

鳥類の発するメッセージとは

鳥類は地球に存在する動物のなかでも最古の部類に入ります。専門家によると、鳥が爬虫類から進化したのは1億4000万年以上も前だとか。なかでも最古の鳥とされるのが始祖鳥です。ジュラ紀の後半に死滅したという始祖鳥の化石を見ると、爬虫類に似た尾、鋭い歯のついた顎、かぎ爪の生えた翼があります。

飛行とは地から天に向かって上昇し、空から地に舞い降りることです。鳥は神と人間を、天と地をつなぎ、超越と向上を意味します。そこには「未熟な自分を成長させる」という含みがあります。惰性、行き詰まり、未熟さからの脱却は鳥をイメージして表現されることが多々あります。鳥は究極の

「飛躍」のシンボルであり、現状打破とレベルアップの象徴です。

　また、鳥は意識と無意識の統合、すなわち意識の完全な覚醒を意味します。大空を飛ぶ姿は高い志を思わせ、直観、美意識、向上心のはばたきを連想させます。鳥は私たちにインスピレーションを与え、眠っていた才能を目覚めさせてくれるのです。

　鳥にはその種ならではの習性や特徴があります。鳥に出会ったら、それについて詳しく調べてみましょう。自分の才能を発掘し、発揮するヒントになるかもしれません。どの一羽も「人生の師」であり、毎日が飛躍のチャンスであることを教えています。

　カラスがあちこちに現れるのにも、それなりの理由があるはずです。カラスは魔法の象徴とされてきました。カー、カーと大きな声を響かせ、私たちに何かを訴えます。その声を聞くたびに、魔法は日常にも存在することを思い出さずにはいられません。「その魔法を日常に生かしなさい」と教えられている気がします。カラスを見かけたら、そのしぐさや行動を観察しましょう。自分なりの魔法の生かし方が分かるかもしれません。

　鳥が発するメッセージをキャッチできるようになると、過去、現在、未来に対する見方が変わります。鳥にはあらゆる動物と対話する知恵があり、アイデアを具体的かつ効果的に形にするすべを知っています。私たちが志を立て、真価を発揮しようとすると、鳥はさかんに姿を見せます。そのとき鳥は道しるべ、守り神、先生になってくれるでしょう。

　一般的な解釈では、鳥が天高く舞い上がる姿は「気化」を、地をめがけて下降する姿は「凝結」を意味します。しかし、トーテムとしての真のパワーや自分に向けたメッセージを理解するには、その鳥の羽色から習性までをすべて考慮しなければいけません。自分にとって不要なもの、気化させたほうがいい部分は何でしょう？　その反対に、自分の生き方のどこを凝縮すれば、魔法やパワーを引き出せるのか考えてみましょう。

直感をみがき、異界への扉を開こう

鳥は「空の通過儀礼」のシンボルです。この通過儀礼を経ると、見識が広まり、知恵が深くなり、飛躍する力と機会が得られます。ここで学ぶべきは天の啓示に対して完全に心を開くこと。その啓示は下界の常識と宇宙の真理をつなぐ役目を果たします。それは「直感」を「直観」へと高めることを意味します。レベルの低い直感は俗っぽい霊感で終わってしまいます。空の通過儀礼によって、時空を超えた異界への扉が開かれるのです。

この通過儀礼の目的は自分の心の営みを理解し、コントロールすることです。そうするには知識を詰め込むだけでは不充分。知恵と感性を動員し、「野性の勘」を「魂の直観」に進化させる努力が必要です。

空は天と地の中間にあり、鳥の活動領域です。空と鳥は私たちの肉体と魂をつなげてくれます。

空気が動くと気流が起き、そして風になります。この風と飛行能力と浮揚力は私たちの心にも備わっています。鳥が身をもって示しているのは、命のエネルギーが心という遊び場で躍動する姿、そして心の上昇気流に乗る方法です。心の翼（発想力、創造力、直観）をはばたかせれば誰もが天高く飛び立てることを伝えています。

空気は生物にとって必要不可欠です。私たちは空気を吸い、空気の中で生きています。自分を取り囲む空気は、良かれ悪しかれ、体内に入ってきます。空の通過儀礼では、身の周りの環境と自分の人生を整えることもテーマです。自分は何を受け入れ、どう生きていくべきなのか。そのヒントは鳥のトーテムが教えてくれるでしょう。

強さと克己、そして自己責任をもつことも、この通過儀礼の課題のひとつ。鳥に習って新境地と能力を開拓しましょう。創造力を発揮して、今の自分を超えるのです。

鳥はヒトの遠縁にあたります。ほかの動物と違って、2本の足で立ちます(クマも二足歩行なので、ヒトの遠縁と考えられる)。鳥は自然界と超自然界の住人のみならず、両界から送られてくる使者でもあります。鳥がトーテムとして現れると、天と地の神秘に触れることが多くなるでしょう。それは鳥が魂の旅、創造の旅へと私たちを導いてくれるからです。

羽根の神秘

鳥のトーテムの多くはじつは気の精です。精霊が人間と直接コンタクトを取るために、鳥の姿形を借りているに過ぎません。私たちは鳥の羽根を仲介として、鳥に宿る精霊や霊的存在を呼び寄せることができます。羽根をとおして、願いを形にすることも可能。羽根によって想像が膨らみ、ひいては大自然に呼びかけてトーテムとのつながりを意識することができるでしょう。鳥のトーテムや精霊とのつながりを実感するのは簡単です。空気が動けば、音が立ち、私たちのイメージは広がっていく。鳥のトーテムと信頼関係を築いたときやその関係を確認したいときは、次の5つのステップを実践してください。

1. 風のない日を選んで行います。どんな羽根でも結構ですから、それを持って屋外に出て、木の下に座りましょう。
2. リラックスして、深呼吸。
3. 両手で羽根を持ち、ゆっくりと頭上まで掲げます。次に、羽根を持った両手を口の位置まで下ろします。
4. 口元まで来た羽根に、そっと息を吹きかけましょう。息を吹きかけながら、羽根が舞う様子をイメージして、手持ちの羽根を動かします。
5. さらに効果を上げるには、幼いころの思い出の曲を口笛にして羽根に吹きかけます。おもちゃの笛やフルートがあれば、そこに羽根を結びつけて思い出の曲を演奏してもいいでしょう。

　数分もすると、羽根と連動して気の精霊や自然のパワーが動き出すはずです。木の葉がざわめいたり、落ち葉や土ぼこりが舞い上がったり、風が立ったり、周囲の鳥の動きが活発になったりするでしょう。

これは簡単なエクササイズですが、気のパワーを実感するのに役立ちます。羽根というツールが自然のパワーや精霊とつながるために有効であることが分かるでしょう。その効果を頭で理解できなくても、「心で」分かるはずです。

日常で出会う鳥たちを観察し、研究し、敬うようになると、羽根との縁も深まっていきます。行く先々で鳥の羽根を見かけたり、贈られたりする機会が増えるはずです。羽根の贈り主は、羽根を選んだ理由が自分でも分からないかもしれません。それでも、あなたへのプレゼントしてふさわしいと〝感じた〟のでしょう。

昔から鳥の羽根は風、心、飛躍、創造主（神々）に関連づけられてきました。羽根は第二の言語であり、予兆や神託を伝えることもあります。代表的な役割や意味合いは以下のとおりです。

●神や天界への仲介
●神（天上人）が下界に降臨するときの姿
●積むべき人徳
●自然界に存在する師（トーテムアニマル、天使、精霊など）との接点
●予兆とお告げ
●祈祷、祈願、自然と交信する際の小道具
●成長や覚醒の予告
●新たな飛躍の予告

忘れてはいけないのが、鳥の翼や羽根は天界の一部だということ。羽根はみな特別な授かり物であり、預言です。そして、一枚の羽根は「あらゆる」鳥に共通する根源的なパワーを秘めています。ですから、タカの羽根を調達しなくてもタカとつながることはできるのです。手元にある羽根を重宝すれば充分でしょう。

すべての羽根は人間の魂に通じ、その魂と天界を結びつけてくれます。とは言え、今の自分にどう影響するのかを理解するためには、その羽根の持ち主である鳥を研究することが欠かせません。その鳥ならではの特徴や習性を知り、自分の現状に照らし合わせることが必要です。そうすることで、鳥や羽根の姿をしたパワーがさらにダイナミックな形で身近に現れるでしょう。

鳥のトーテムを観察するときのチェックポイント

鳥獣のトーテムは念入りに研究し、観察しましょう。ひととおり調べるだけでは足りません。その生態や習性を大まかにつかんだだけでは、トーテムとしての重要性を見落としてしまうでしょう。とくに初心者はトーテムとしての鳥の役割を誤解しがちです。

まずは次のような基本項目をチェックしましょう。

●**色**――色には重要な意味合いがあります。季節ごとに羽色を変える鳥もいます。全身の色が何を意味するのか、自分なりに研究してみましょう。

●体格――体のサイズとスタミナは必ずしも一致しません。例えば、北米産のノドアカハチドリは鳥類のなかで最小クラスですが、800キロもの長距離を移動できます。その逆に、体格が良いからといってトーテムとしてのパワーが強大とはかぎりません。

●形――体形や巣の形状には、その鳥の個性と習性が出ます。鳥類には独特のルックスを持つ種がたくさんいます。首、くちばし、脚などに目立つ特徴はないでしょうか。そこに象徴的な意味合いが表れていることが多いのです。

●行動パターン――繰り返しますが、鳥の動きを観察することはとても重要です。どの種にも固有の行動パターンがあります。トーテムとしての役割を知るうえで大いに参考になるでしょう。

●飛行パターン――「どう」飛ぶのかだけでなく、「どこ」を飛ぶのかもポイント。渡り鳥であれば、移動先はどこなのか――その答えは多くを物語ります。方位、方角にも象徴性があります。鳥の飛来地や越冬地は私たちの前世につながる可能性があり、現在の自分を知る参考にもなります。

●原産地――トーテムの発祥の地にも意味があります。一部の鳥獣は外来種です。外来種をトーテムに持つ人は前世において、その動物が誕生した場所や時代に縁があるのかもしれません。例えばカワセミは古代ギリシャのハルキュオネの伝説に出てきます。カワセミをトーテムに持つ人は前世か現世において古代ギリシャに接点があるはずです。

●よく見かける時間帯――一日のうちで特定の動物が頻繁に姿を見せたり、活動的になったりする時間帯は、トーテムとしての影響力が最大になる時間帯でもあります。

●鳴き声――いつ、どのように鳴くのかによって、その鳥が宿しているパワーが分かります。声は生命力の表れです。カラスがさかんにカーカー鳴くのにも意味があります。

●**エサ**——トーテムの好物は何でしょうか。トーテムの捕食の対象も有力なトーテム候補です。

●**繁殖期**——この時期はトーテムとしてのパワーがピークに達する時期と重なることがあります。

●**生息環境**——生息地はトーテムとしての役割を知るためのヒントです。その鳥が暮らしているのは森、沼地、それとも平原でしょうか。

次ページから、代表的な鳥類のトーテムを紹介します。各項目を読めばトーテムのすべてが分かるわけではなく、パワーや役割をざっと説明しているにすぎません。自分のトーテムにまつわる物語があれば読んで研究してみましょう。神話や民話は情報の宝庫。トーテムのシンボリックな意味合いを理解するうえで大いに参考になります。

トーテムごとの「キーワード」と「パワーのピーク」も参考にしてください。キーワードはそのトーテムのパワーを短く表現したもので、私個人の観察と研究にもとづいています。

パワーのピークは一概には言えません。一年、一月、一日のうちの特定の時期や時間帯を指す場合もあれば、発情期や繁殖期と重なる場合もあります。ピークの時期については各自で研究し、自分なりの結論が出たら、そちらを採用してください。ここに書かれてあることはガイドラインにすぎません。トーテムを研究する足がかりと考えましょう。

紙面の都合上、鳥のトーテムを全種紹介することはできませんが、トーテムのメッセージを読み解くヒントにしてください。

トーテムアニマル辞典

鳥

オウム……77
オンドリ……78
カッコウ……80
カナリア……83
カモ……85
カモメ……88
カラス……90
カワセミ……94
ガン……97
キジ……100
キツツキ……102
クジャク……105
コウノトリ……107
コンドル……109
サギ……114
シチメンチョウ……117
スズメ……119
タカ……121
ダチョウ……124
ツバメ……126
ツル……129
ハクチョウ……131
ハト……134
フクロウ……136
ペリカン……146
ペンギン……148
ムクドリ……150
メンドリ……152
ワシ……153

オウム

キーワード：太陽、カラーセラピー
パワーのピーク：通年

オウムは太陽の鳥です。色鮮やかなルックスはオウムの身上。その羽は太陽の恵みや癒しを乞うための儀式に使われます。

アメリカ先住民のプエブロ族にとって、オウムは塩のありかを教える鳥です。塩は太陽の贈り物、オウムは太陽の鳥ですから、オウムのいるところには塩があると考えたのでしょう。

オウムはじつにカラフルです。この鳥をトーテムに持つ人は色彩の影響力をリサーチするといいでしょう。オウムは光と色のパワーを教えてくれる先生です。

一部のオウムは人のものまねが得意。そのことから人間界と動物界のパイプ役とされてきました。オウムは鳥の世界からやってきた親善大使、外交官、通訳と言えるでしょう。その知恵にあやかれば、他人をよく知り、外交術を磨くことができるはずです。

オンドリ

キーワード：精力、警戒、復活
パワーのピーク：明け方

オンドリは象徴として長い歴史を誇ります。オンドリと言えば、なにはさておき精力のシンボル。オンドリ1羽で群れのメンドリ全羽に種付けできます。

また、明け方に鳴き声を上げることから日の出の象徴と言われます。夜が明ければ、日が昇ります。オンドリは毎朝、太陽の復活を告げるので、悪霊ばらいに例えられることもあります。オンドリが朝一番に鳴くおかげで悪霊は夜間に徘徊し、日中はなりを潜めるというのです。オンドリにはキリストの降誕を知らせたという古い伝説があり、そこからも復活、再生のシンボルとされます。

オンドリの警戒心が極端に強くなるのは、メンドリの周辺をパトロールするとき。メンドリたちの間をせわしなく巡回するのです。その姿は魂の見張り番を連想させます。聖書の記述によると、使徒ペテロがイエスとの師弟関係を3回否定したあとにオンドリが鳴いたとか。このオンドリの予告はのちに拡大解釈され、4世紀ごろには「オンドリが鳴くと審判の日が来る」と信じられるようになりました。

トーテムとしてのオンドリは初期のキリスト教や古代ギリシャでも崇拝されたようです。ギリシャ神話では軍神アレスと女神アフロディーテの恋物語に登場します。

グノーシス派の教徒にとって、オンドリはアブラクサス神の化身でした。この神はオンドリの頭部とヘビの足を有し、予知力を備えていたといいます。オンドリは今後も偉大なパワーと神秘を宿すトーテムとして君臨し、私たちの前世と未来を教えてくれるでしょう。

酉（オンドリ）は十二支のひとつに数えられ、情熱とユーモアを意味します。酉年生まれは極端な個性の持ち主で、直情径行とされます。オンドリがトーテムとして現れたのは自分に素直になるように促すためかもしれません。オンドリのトーテムは楽観的に生きることや自分の個性を受け入れることを教えてくれるでしょう。

カッコウ

キーワード：開運の告知
パワーのピーク：春

この鳥がヨーロッパのどの言語でも「カッコウ」と表記されるのは、その独特の鳴き声ゆえです。オスの歌声は春の到来と愛の言葉を告げますが、象徴的には開運の告知と解釈できます。

カッコウの鳴き声は聞き上手になるようにと私たちに促しているのかもしれません。「声にならない声に耳を傾けなさい。そうすれば相手のことがもっと分かるようになるでしょう。言葉にならない言葉を聞き取り、自分の耳を信じなさい」と告げているのです。

カッコウを見かけたら、全身の色に注目してみましょう。今後の運勢が分かるかもしれません。とくに注目すべきはくちばしの色。たいていは黒か黄ですが、それによってコミュニケーションの取り方を占えるといいます。くちばしが黒だったら、話す相手と言葉を慎重に選ぶこと。黄色だったら、知り得たことをできるだけ広めたほうがいいというサインだとか。

カッコウは巣を作りません。ヨーロッパに生息する種はほかの鳥の巣に卵を托しますが、アメリカに生息する種は托卵をしません。いずれにしてもカッコウがトーテムとして現れるのは家族や家庭に変化が起きる兆しですから、心の準備をしたほうがいいでしょう。

カッコウは鳥類にしてはめずらしく毛虫に触れます。毛に覆われた外皮を嫌がらないのです。カッコウをトーテムに持つ人は今まで苦手だったことに触れる機会があるかもしれません。外見よりも内面を重視する傾向が強くなり、人の心に触れる機会が増えるでしょう。

カッコウは害虫のテンマクケムシを捕食します。それは人生の害虫を駆除して、生き方を改めるように助言しているのかもしれません。闇を払えば、春が来る――カッコウはそんなメッセージを伝えています。

カッコウは慎重でおっとりしています。くちばしは上品なカーブを描き、足の指に特徴があります。カッコウの足の指は前後に2本ずつ付いており、立ち姿に安定感があります。それは「軽率な行動を慎むように」との忠告かもしれません。カッコウは春を告げると同時に新しい季節をゆっくり楽しむように促します。自然のリズムや移ろいを最後まで見届けるように知らしめているのです。私たちも成果を焦ってはいけません。何事も時間をかけて慎重に取り組めば、最高の結果がついてくるはずです。

カッコウは新しい運気の到来を告げると考えられてきました。カッコウ伝説の多くは鳴き声のタイミングにまつわることです。例えば、カッコウの第一声を聞いた日は賭け事についている日、カッコウが鳴いている間に願いごとをすればその願いは必ずかなう、カッコウの声を聞いたときにしていたことは一年中続けると幸せになれる、カッコウが何回鳴くかによって生涯の伴侶に出会うときが分かる、などです。

カッコウの声が右から聞こえてきたら吉、左から聞こえると凶とされます。現在でも、とくにヨーロッパでは、カッコウが鳴くと雨が降ると言われ、昔は「雨ガラス」と呼ばれていました。

スウェーデンではカッコウの声が聞こえる方角をもとに将来を占いました。北から聞こえたら悲劇、東なら癒し、南なら死、西なら幸運が来るといいます。

神話や民話に頻繁に登場する鳥獣は、研究する価値が高いものばかり。そうした動物は大きなパワーを秘めていることが多いのです。カッコウのパワーと歌声を研究してみましょう。今後の人生を占えるかもしれません。カッコウのトーテムは予知能力の生かし方を教えてくれます。

カナリア

キーワード：歌と声のパワー
パワーのピーク：通年

カナリアは現在のカナリア諸島からやって来た外来種です。カナリアはアトリ科に属するので、基本的な特徴はアトリを調べると分かります。

もともとカナリアの全身はくすんだ（黄）緑で、黒と黄の縞が入っていました。数百年にわたる品種改良のすえに全身が黄色のカナリアが誕生しました。その歌声も品種改良を経て美しくなったとされます。

かつてドイツにはカナリアの繁殖と歌のトレーニングを請け負う施設がありました。施設を運営していたのはハルツ（Hartz）山地の人々です。その名を冠したハーツ社は世界有数のペット用品メーカーですが、とくに鳥関連の製品で知られます。

またカナリアは中世のマイスタージンガー（マイスターは「親方」、ジンガーは「歌い手」。ドイツの手工業ギルドが与えた資格の一つ）にゆかりがあります。ドイツのニュルンベルクには組合もありました。そこでは音色や歌声が心身に及ぼす影響について教えたといいます。その伝統が吟遊詩人の誕生につながりました。

カナリアをトーテムに持つ人は前世でマイスタージンガーに接点があるのかもしれません。そのうち音色や歌声には自他を癒し、元気づける効果のあることが実感できるでしょう。

そして自分の肉声にも神秘的なパワーがあることに気づくはずです。なにもプロの声楽家になる必要はありません。話し声であれ、歌声であれ、声ほど絶大なエネルギーをもつものはめずらしい。声ひとつで人の心を癒し、啓発し、鼓舞し、刺激し、呼び覚まし、喜びを表現できます。

カナリアがトーテムとして現われたら、自分がどういう声を響かせてきたのか振り返ってみましょう――聞き苦しい声は今までの生き方の表れではないか。どうしてそんな声になってしまったのだろうか。美しい言葉は人の心に美しく響き、辛らつな言葉は人の心を傷つけます。カナリアに学んで、声の影響力を理解できれば、言葉の力も増すはずです。

カナリアをトーテムに持つと、のどと心臓のチャクラ（サンスクリットで「車輪・円」を意味する。現在のヒーリングなどの分野では、体表のツボのことを指す）が覚醒、活性化し、感情表現が豊かになります。自分の声で誰かの人生を明るく照らすこともできるでしょう。

その昔、カナリアは炭鉱に持ち込まれ、ガス漏れの検知に使われました。デリケートなカナリアはガスに触れると、たちまち死んでしまったといいます。この話からもカナリアがのどと心臓のチャクラを象徴していることが分かります。両チャクラが活発になった以上、自分の言葉が周囲に与える影響に注意する必要があります。

美しい歌声を響かせるには新鮮な空気が欠かせません。それはカナリアも、カナリアをトーテムに持つ人にも言えます。周りの空気の変化に注目してください。努力しだいで人生のしらべを変え、耳障りな雑音を消せることが分かります。

カモ

キーワード：心地よさ、安心感
パワーのピーク：春と夏

カモはいちばんポピュラーな水鳥。水に縁があることから母性、冥界、感情と関連づけられます。水は命の必需品。どんな生物も水なしでは生きられません。カモのトーテムは、命に水が欠かせないように心には養生が必要なことを知らしめています。

カモの仲間はどの種も泳ぎます。一部の種は水深30メートルほど潜ることができます。そうでない種も水面下でエサを捕ります。カモは感情という水の中にも糧があることを伝えています。カモは、アメリカオシドリを除いて、水上か水辺で暮らします。陸に上がったカモはあまり動こうとしません。カモがトーテムとして現れたのは周囲に不満があるか、自分に合った環境や仲間を必要としているからかもしれません。カモのトーテムは現状を見直すように促しています。

カモの役割は国や文化によって異なりますから、前世を知るヒントになります。カモを初めて家禽にしたのはエジプト、カモの繁殖に初めて成功したのは中国です。「カモの世界史」は研究する価値が充分にあります。

カモの体色を観察すると、トーテムとしての役割が分かります。カモの羽色はバラエティに富んでいて、純白の種もいれば、つややかな青緑のマガモやアメリカオシドリもいます。

マガモはとくに高い繁殖力を誇ります。狩猟の対象になりやすい種だけに、この特長は幸いと言えるでしょう。マガモはとても人なつこく、感情表現が豊かで、簡単に飼い慣らすことができます。かつて私はオハイオ州のデイトン自然史博物館の企画で、野生のカモを飼ったことがあります。マガモを自宅で育て、一定の期間を過ぎたら自然に帰すというプログラムです。

マガモたちは家の中でも庭先でもあとをついてくるので、私はマガモの親になった気分でした。マガモはとても社交的で、仲間と一緒にいるのが大好きです。そして安心できる場所、居心地の良い特等席を知っています。安心できる居心地の良い場所をつくり、行動が習慣化している点は私たち人間と同じです。

夏場になると、マガモのオスは「エクリプス」の時期に入ります。この期間、オスは空を飛びません。羽色はメスと同様に地味な色に変わりますが、これは幼鳥を守るための用心とされます。幼鳥がすぐに水に慣れるのは「感情を封印してはいけない」というメッセージでしょう。私たちは外の世界だけではなく、心の内にも関心を向けるべきです。

アメリカオシドリはカラフルな野ガモです。玉虫色に輝く羽は霊妙な能力の表れで、自分の居場所を確保したときに覚醒します。アメリカオシドリはときどき木にとまります。水かきのついた足には肉球があり、木をよじ登るのに好都合。このカモは木に洞《ほら》を空け、水場から離れた高所に巣を構えます。

アメリカオシドリの幼鳥がどうやって巣から飛び下り、着水するかは定かではありません。自力で木からジャンプするという説もあります。アメリカオシドリには興味深い習性がたくさんありますが、すべてを紹介する余裕はないので、各自で研究し、生かしてください。

水面に浮かぶカモはみな優雅です。その姿は人生の波乱に悠然と立ち向かうように教えています。心の荒波を乗り越え、前進する力を授けることにかけては、カモのトーテムにかなうものはないでしょう。

カモメ

キーワード：マナーとコミュニケーション
パワーのピーク：通年

カモメはみごとな鳥です。海辺のリゾート地などでは害鳥扱いされるようですが、人里離れた本来の生息地ではまったく違う振る舞いを見せます。

カモメは海鳥というよりも浜鳥です。陸から離れることはめったにありません。カモメが暮らす海岸沿いは神秘の場所。海岸は陸でも海でもなく、その中間に位置します。そこは精霊が宿る空間のひとつです。このことから、カモメは地上の精霊たちと交信できると言われ、とくに水の精と親しいとされます。

野生のカモメは水だけではなく、気とも接点があります。「遊泳」と「飛行」というふたつの能力を兼ね備えているのです。水面では浮力も発揮します。カモメは空海に順応するすべを知っており、どちらの世界でもマナーを心得ています。つまり、普段とは違う状況下でどう行動し、どう順応するべきなのかを教えているのです。

カモメが身をもって示しているのは場をわきまえた行動、マナー、コミュニケーションの重要性でしょう。「マナーをもっと学びなさい」といさめているのか、「人の手本になりなさい」と励ましているのかもしれません。あるいは、コミュニケーションの機微を知らしめているとも考えられます。

カモメは仲間内で複雑な合図をやりとりします。一つひとつの慣行に決まった合図があり、声色とジェスチャーを組み合わせてコミュニケーションをはかります。カモメを見習えば、人の気持ちを上手にくんで、以心伝心の極意がつかめるかもしれません。行間を読む、ボディランゲージを理解するなど、カモメは無言のコミュニケーションを心得ています。

また、カモメは海辺の美化に貢献する、環境にやさしい鳥。カモメをトーテムに持つ人は環境保護活動や海辺の清掃運動に参加する機会があるかもしれません。

カモメの子は食欲旺盛です。子カモメにとって、赤は食欲をそそる色。母カモメのくちばしには赤い斑があり、子カモメは母親のくちばしをつつけばエサにありつけることを知っています。ここからもさまざまな教訓を引き出すことができます。食習慣を改める、ダイエットを始めるなど、普段の生活を見直すきっかけになるでしょう。

カラス

キーワード：魔法の存在
パワーのピーク：終日、通年

祖父にこんな話を聞いたことがあります。「カラスは鳥のなかでいちばん賢い。賢いのを鼻にかけ、楽しんでいるふしさえある。賢いからこそ、進化するのを拒否してカラスのままでいるのだろう」。カラスはほかの動物や人間をばかにできるほど知能が高く、悠々自適に生きています。天国のしもべよりも地獄の主になることを選んだかのように、「鶏口牛後」を体現しています。

カラスは人を魅了し、いら立たせます。カラスにまつわる伝説、神話は数知れず。カラスの仲間はワタリガラスを筆頭に5種類いますが、その違いは体の大きさだけです。したがって代表格のワタリガラスをリサーチすれば、カラス全般の特徴と象徴性が分かるでしょう。

カラスのいちばんの特徴は「濡れ羽色」といわれる漆黒の羽。光の加減で紺や紫に見えることもあります。黒は創生の色であり、新しい命が生まれ出る子宮の象徴です。黒は闇夜の色で母性のシンボルカラー。暗い夜が明ければ新しい一日が生まれることを意味します。

カラスは昼行性であることから、創生の神秘は日中にも起こりうることを示します。黒ずくめのカラスは中世の錬金術において「黒化」と解釈できます。黒化は物質の最初の状態。形が定まっていない段階なので、あらゆる可能性を秘めています。

ギリシャ神話に登場するカラスはハクチョウと同じ純白でした。白カラスは太陽神アポロンの身重の妻を見守っていましたが、アポロンに悪い知らせをもたらして怒りを買い、黒一色に変えられてしまったといいます。

カラスの鋭い監視は今も健在。カラスの群れには必ず見張り役がいます。木の上に巣を作るのも生活域をくまなく見渡すためです。ときどき1羽のカラスが仲間に攻撃されているのを見かけますが、その理由は監視役としての務めを果たさなかったからだといいます。その光景は私たちに宛てたメッセージかもしれません。毎日のように起きる神秘を見逃さないよう促しているのでしょう。

用心深いカラスのおかげで、周囲の動物たちは危険や天敵の接近に気づけます。カラスはハンターの気配を感じると、さかんに騒ぎ立てて鹿や鳥に警告します。カラスは危険を感知する能力に長け、子にエサを与えるときは決まって監視役を配置。エサやりのときがいちばん無防備になるからです。

カラスが大音声で警告を出せるのは、特徴的な声のおかげ。カラスは喉の構造から考えて、鳴鳥の一種と言えます。カラスがさえずる姿は想像できないかもしれませんが、群れを離れたカラスがさえずるように歌うという伝説は（確証はありませんが）根強く残っています。

カラスは独自の言語を持ちます。音域は広いのですが、歌うことはありません。声色や鳴き方を変えて、さまざまなメッセージを送ります。カラスの会話は、訓練を積めば、誰にでも理解できるでしょう。

カラスには舌がありますが、発声に使うことはありません。『博物誌』で知られるローマの将軍プリニウスは「舌を割けば、カラスは人間のようにしゃべる」と書き記しました。もちろんそれはフィクションです。そんなことをしたらカラスは失血死してしまいます。カーカーという鳴き声は創生の神秘が日々起きていることを知らせているのでしょう。

カラスにとって最強の宿敵はワシミミズク。ワシミミズクが縄張りに近づくと、カラスは束になって襲いかかり、さっさと追い払います。巣を発見されたら一巻の終わりと分かっているからです。実際、ワシミミズクに寝込みを襲われて命を落とすカラスは後を絶ちません。

カラスは高い知能を持ち、環境によく順応し、好き嫌いはほとんどありません。何でも食べられるのがカラスの強み。そしてコミュニケーションやチームワークも得意です。

求愛行動やつがいにもカラスの神秘性が見て取れます。オスは自分をハンサムに見せるためにあらゆる手を尽くし、さえずるような声を出します(愛の力はすべての動物を歌い手にするようです)。つがいになったカラスは力をあわせて巣を作ります。高所に設置されたカラスの巣はいつも清潔。赤ん坊のカラスでさえ自分の巣を汚すようなことはしません。その習性はカラスの健康観、家庭観、価値観を物語ります。

カラスにまつわる神話は枚挙にいとまがありません。それを読めば、カラスの前身や天性が分かるでしょう。カラスもほかの動物と同じで予知能力があります。カラスの飛び方を見れば、台風や大雨を予想できるといいます。カラスに学べば人生の風向きを読み、軌道修正できるでしょう。カラスには神通力があると考えられてきました。私の祖父は「カラスは死骸になっても縁起がいい」と言っていました。

カラスが登場するのはギリシャ神話やローマ神話だけではありません。中国では「3本足の日烏」

として崇拝され、幽境のシンボルでした。アメリカ先住民のアサパスカ語族にとっては、カラスは創世主、ケルト人も創世と関連づけました。旧約聖書に出てくる預言者のエリヤは荒野に身を隠す間、カラスの世話になったといいます。北欧神話の戦神オーディンは2羽のワタリガラスを使者にしました。

カラスのいるところに神秘があります。カラスは創造と魂の象徴です。カラスのトーテムは自然の神秘を創造し、形にするように促します。そして、創造と神秘は日常のいたるところにあり、誰にでも手が届くことを大きな声で伝えています。

カワセミ

キーワード：暖かさ、陽光、繁栄、愛情
パワーのピーク：冬至から冬

ギリシャ神話の一節に、アルキュオネという女性とその夫ケユクスの話があります。結婚してまもなく、ケユクスは航海に出ることになりました。その途中、ケユクスは大嵐に見舞われて溺死。アルキュオネは毎日海岸に立ち、夫の帰りを待ち続けましたが、数カ月後に夫の遺体が陸に打ち上げられました。

アルキュオネは悲嘆のあまり海に身を投げてしまいます。その悲しみと夫婦愛に同情した神々は、アルキュオネとケユクスをカワセミに変えました。ふたりは海の底から姿を現すと、青空に向かって幸せそうに飛び立ったといいます。それからというもの、一年のうちで日中の時間がいちばん短くなる時期は海は穏やかで晴天が続きました。この時期はアルキュオネ（Halcyone）にちなんで「ハルシオン・デイズ」と名づけられました。現代では、冬至前後のうららかな日々をハルシオン・デイズといいます。

カワセミは伝統的に平和と繁栄の象徴です。カワセミにまつわる伝説や迷信はたくさんありますが、そのほとんどは、アルキュオネの伝説にもとづいています。乾燥させたカワセミのなきがらは雷よけ、暴風よけ、衣服の虫よけになるとされ、アルキュオネとケユクスの夫婦愛が朽ちなかったよう

に万物の鮮度を保つと考えられました。

カワセミは美しい鳥です。アメリカで見られるカワセミの大半は青みがかった灰色で、腹部は白ですが、ほかの地域では全身が鮮やかなルリ色です。

昔の言い伝えによると、カワセミはもともとくすんだグレーでした。それがノアの箱舟から解放され、天高く飛び立ち、太陽に近づくにつれて羽が焼け、鮮やかな色に変わったとか。

青は「発展の惑星」木星にゆかりのある色。青緑の羽を持つカワセミは発展を意味し、私たちの人生に暖かさ、繁栄、愛が訪れることを告げています。

カワセミの羽衣はユニークで、オスよりもメスのほうがカラフルです。その理由をアルキュオネの伝説と関連づける人もいます。たしかにアルキュオネの一途な愛は神々を動かし、夫を蘇生させることにつながりました。無償の愛は自分自身にも、周囲の人たちにも新しい命をもたらすと解釈できるでしょう。

カワセミにはほかにもユニークな特徴があります。川沿いの土手や水辺に巣を掘るのです。トンネル状の巣は3メートルに及ぶことがあります。その巣のいちばん奥で、カワセミは一度に5～8個の卵を産みます。巣から出た幼鳥はさっそく独り立ちします。カワセミをトーテムに持つ人も、自分の子供には、人生の楽しみ方だけではなく、自活の方法を教える傾向があるようです。

カワセミをトーテムに持つ人はなるべく水の近くにいることが必要。それも、できるだけ北方が望ましいでしょう。カワセミは北方の気候を好み（49ページの方位のシンボルを参照）、餌場の水辺を求めて北へ北へと移動します。

カワセミが漁をする姿は勇壮です。魚を求めて池、小川、河川に接近し、頭から水中に飛び込んで小魚を捕えます。水の生き物を糧にできるのは、繁栄のチャンスをつかめるということ。そのためには思い切って頭から飛び込ぶ必要がありますが、成果は大きいはずです。

カワセミがトーテムとして出現したら、新しい世界に飛び込む勇気を奮い起こしてください。自分はチャレンジを避けていないか、挑戦を恐れていないか、人生に新しい光が必要なのではと自問しましょう。心配することはありません。カワセミがついていれば、溺れることはないでしょう。思い切って挑戦すれば、暖かな陽射しと繁栄が得られるはずです。

ガン

キーワード：探究心、伝説の地への遠征
パワーのピーク：秋（ハクガンの場合は冬至と満月）

ガンは古代神話のモチーフであり、さまざまなシンボルです。ローマのヘラ神殿では聖鳥として崇められました。アメリカ先住民が聖なる輪として珍重するメディスン・ホイールでは冬至のトーテムです。

誰もが知っている『マザーグース』（グース＝ガン）は童話や童謡を収めた伝承文学ですが、その物語には子供も大人も想像をかき立てられます。ガンのトーテムは童心をくすぐり、伝説を信じる心を刺激します。幼いころに好きだった物語はその後の生き方を占うことが多々あります。だから私たちは懐かしいストーリーに共感するのでしょう。子供のころに読んだ物語を読み返してみると、自分の過去、現在、未来が表れるかもしれません。

表れないとしても、その人の人生観や世界観を決定づけた可能性はあります。そのことはガンの幼鳥に見て取れます。ガンのヒナは生まれて初めて目にするものをいつまでも記憶に焼きつけます。

トーテムとしてのガンはコミュニケーション能力を、とくに文字による伝達力を向上させます。ガンの羽根は筆記具に使われてきました。小説であれ、日記であれ、物を書くときはガンのトーテムを味方につけると、筆が進むでしょう。ガンは発想力を刺激し、スランプから救ってくれます。ガンの

羽根ペンを使えば、さらに効果的。羽根ペンは画材店などで手に入り、オリジナルを作ってもらうこともできます。

ガンの羽毛は寝具に使われます。そのことから、子孫繁栄や夫婦円満を表すと解釈できます。子宝や夫婦関係の安定を望むなら、ガンの羽毛布団が役に立つでしょう。

丸焼きにしたガンの胸骨を見れば、天候が占えるという俗説もあります。焼けた骨が茶色だったら今年は暖冬、白っぽかったり、青みがかっていたら厳冬だそうです。

ガンはカモやハクチョウと同じカモ科ですが、カモよりも陸にいる時間が長く、草食性です。ガンをトーテムに持つ人は野菜を多く摂るように心がけましょう。しばらくベジタリアンとして過ごすのも妙案です。

ガンは生涯の伴侶を得て、夫婦揃って子育てをします。一生を添い遂げるガンの夫婦は運命の赤い糸を想起させます。赤い糸の伝説は童話にもよく出てきます。

北米に生息するガンは8種で、この8という数字はじつに象徴的です。8は無限大のマークに似て、前後に移動できることを意味します。そこにガンの象徴性を足すと魂の旅と解釈できるでしょう。それはガンの越冬のパターンに見て取れます。ガンが渡りを始める秋は思索の季節であり、探究心を刺激します。けたたましいガンの鳴き声は私たちを遠征にいざなっているのかもしれません。

ガンの編隊飛行には渡り鳥の神秘が集約されています。各自が配置を交代しながら、たえず気流を発生させ、後方の仲間が楽に飛べるようにします。それはあらゆる探検の旅が後続のためになることを想起させます。ガンは仲間の真後ろを飛ぶことがありません。そうやって視界を確保しているのです。人生という長旅でも視界を確保することが大切。それは後続のためにもなるでしょう。

ガンのV字飛行も象徴的です。その形状は可能性の広がりを意味します。矢じりにも見えるV字は地に向かって収束し、天に向かって拡散するようすを表し、発想の広がりを連想させます。Vはヘブライ語の「vau（釘）」に由来することから、進路の決定と解釈でき、成長と発展の象徴です。

北米にもっとも多く生息するカナダガンは、力強い鳴き声と長距離を移動できるスタミナが身上。純白のハクガンは翼の先端が黒いのが特徴です。どちらのガンもすぐれた視覚をもちます。ガンをトーテムに持つ人は心身の目が冴えるでしょう。

さきほども言ったように、ガンの夫婦は一生を添い遂げます。一緒に子供を育て、交代で巣を守ります。

ガンの幼鳥は物静かです。生後まもない幼鳥はとくにおとなしくしていますが、やがて自己主張をおぼえます。ガンがトーテムとして出現したのは、自己を確立する日が来る予兆なのかもしれません。

ガンを身近に感じたら、長旅に出る自分を想像してください。それは現実の旅であっても、心の旅であってもかまいません。

キジ

キーワード：子孫繁栄、性欲
パワーのピーク：通年

キジをトーテムに持つ人は、同じ仲間のライチョウとニワトリもあわせて研究しておきましょう。野生のキジは草原、農地、生け垣、やぶがなければ生きていけません。キジの生息地をリサーチするとトーテムとしての役目も明確になるでしょう。

キジの原産地はギリシャのパーシズ（Phasis）川流域で、そこからphesant（キジ）という英語名が付きました。

古代ギリシャのコルキス王国では野鳥でしたが、今ではその姿を大自然のなかに見つけることは難しくなっています。野生のキジの数は、野生のライチョウか（キジの遠い親戚にあたる）ウズラほどに少なくなってしまいました。現存するキジは大半が家禽です。そのため、キジは子孫繁栄と性欲のシンボルになりました。

ほとんどのキジはみごとな長い尾を持ちます。昔から尾羽は性欲やセックスアピールの表れです。さらに注目したいのは羽毛の色や特徴。キジの羽衣は種によって大きく異なります。例えば、人工繁殖に成功したコウライキジは首に環状の模様がありますが、この模様は家族が増えること＝子孫繁栄を象徴します。

また、キジの羽の横じまや縦じまの模様はアナグマを連想させます。キジをトーテムに持つ人はアナグマの特徴も研究するといいでしょう。

体色にも注目しましょう。キジの羽毛は色、質ともにバラエティ豊か。色や質が違えば、意味合いも違ってきます。色をつうじてロマンチックなムードを演出したいときは、キジが良い手本になるでしょう。

キツツキ

キーワード：リズムの力、鑑識力
パワーのピーク：夏

キツツキにまつわる言い伝えは多く、その大半はキツツキのトレードマーク「ドラミング（木をつつく行為）」に由来します。

ヨーロッパの民話ではキツツキはしばしば天気を占う動物として登場し、木をつついて雲行きを知らせます。キツツキを伝説のサンダーバード（雷神鳥）と信じる向きもあります。ギリシャ神話には雷神ゼウスのシンボルとして登場します。ローマ神話では軍神マールスの聖鳥ですが、それはキツツキのドラミングが戦闘開始の合図を連想させたからでしょう。ローマ神話には魔女キルケーが農業神ピークスにふられた腹いせに、ピークスをキツツキに変えてしまったという逸話があります。

アメリカ先住民の伝承によれば、キツツキのドラミングは地球の鼓動そのもの。何かを叩く、つつくという行為は命のリズムや変容を象徴します。今もシャーマンの多くは太鼓のリズムに乗せて異界へシフトします。

キツツキにもさまざまな種があり、それぞれ特徴があります。一般的に、キツツキの全身は黒と白のツートンカラーで、頭頂部が赤くなっています。全身のカラーが象徴するのは白黒つける重要性。目を凝らせば、物事がクリアに見えることをキツツキは体現しています。

最小種のケワタゲラは北米でいちばんなじみの深いキツツキです。森で見かけることの多いカンムリキツツキは腕のいいきこり。カラスほどの大きさがあり、キツツキのなかでは最大種で、派手な赤いトサカが印象的です。ズアカキツツキもよく見かける種で、赤頭巾のような頭部がトレードマーク。ほかのキツツキ（とくにオス）は頭部の一部だけが赤ですが、ズアカキツツキは頭から首にかけて赤くなっています。

キツツキの赤い頭部は精神の活性化や頭部チャクラの活性化を象徴します。つまり、メンタル機能が刺激され、覚醒した状態を表しているのです。それはドラミングという習性に見て取れます。

キツツキはくちばしで立木や木片をつついて穴を空け、そこに隠れている虫をついばみますが、「つつく」という行為（とくに頭部を使って行う場合）は鋭い分析力を意味します。キツツキのくちばしは頑強で鋭く、重い頭蓋骨はドラミングの衝撃に耐えられます。鋭いくちばしと長い舌は鑑識力の高さをうかがわせます。

キツツキのドラミングが聞こえたときは、自分の心の扉を叩いてみましょう。そして常日頃から頭を使っているか、周囲の人たちは軽はずみな行動をとっていないか、自分も周囲も深く考えずに（あるいは何も考えずに）行動を起こしていないか反省してください。

キツツキのトーテムは人生のリズムを変えるために出現することがあります。リズムは肉体のエネルギーを大きく左右します。私たちは心の状態に気を取られて、体のコンディションをなおざりにしがちですが、キツツキが出現した理由はそこにあるのかもしれません。人生に新しい刺激や、リズムが必要なことを知らせに来たのでしょう。

木の幹にとまるときのキツツキは丈夫なカギ爪で幹をしっかりととらえます。また、硬い尾羽を幹に密着させて体を支えます。キツツキが空を舞う姿はユニークです。翼をはためかせて上昇し、力をぬいて下降するという波状飛行を繰り返します。そこには、自分のペースと流儀を貫く重要性が見て取れます。キツツキをトーテムに持つ人も自分の流儀を見つけましょう。キツツキが現れたのですから、安心して自分流を貫けばいいのです。

クジャク

キーワード：再生、慧眼（観察眼）
パワーのピーク：春と秋

クジャクは古今東西で数々の神話伝承を生んできました。その美麗な羽は見る者すべてを魅了します。大半の鳥はオスのほうがカラフルですが、クジャクの羽もオスのほうが明るく派手です。しかし、メスも美しさにかけては引けをとりません。メスのクジャクは母性が強く、存在感があります。クジャクの特徴は美しい羽とおもしろい鳴き声です。笑っているような甲高い声は、人生に笑いが必要なことを私たちに思い出させてくれます。クジャクがけたたましく鳴くのは足のせいだと聞いたことがあります。クジャクは醜い足をしているので、自分の足元を見るたびに悲鳴を上げるのだとか。

クジャクをトーテムに持つ人は「足」の象徴性を考えてみましょう。足は全身を支えます。足があるから立って移動できます。クジャクの足から自分のあり方や生き方が見えてくるかもしれません。クジャクをトーテムに持つ人は足にちなんでリフレクソロジーを研究、実践するといいでしょう。

クジャクの羽根は古くから儀式や装飾品に用いられてきました。その色と模様を見れば、クジャクにまつわる伝説がごまんとあることにも納得がいきます。ヒスイ色に輝く羽は神々しいイメージ。ヒスイは王権にかかわる色で、羽についた眼のような斑は眼識と知恵の象徴です。

クジャクの慧眼説はギリシャ神話にも見ることができます。女神ヘラの忠臣で、捕らえたイオの監視役だったアルゴスは100の目を持つ巨人ですが、勤務中に居眠りをして処刑されました。ヘラは死んだアルゴスの百眼をペットのクジャクに付けたといいます。

クジャクは不死鳥のフェニックスにもっとも近い鳥と言われます。フェニックスは奇跡の復活を遂げた伝説の鳥で、火の中に飛び込み、灰になったあと、灰の中から蘇ったと伝えられます。クジャクをフェニックスになぞらえた言い伝えは古今東西にあります。中国では鳳凰のモチーフとして登場し、五色の羽が美しいメロディを奏でるとされました。

エジプトでは太陽神アモン＝ラーや天空神ホルスの目に例えられ、キリスト教においてはイエスの死と再生に関係します。また、ヒンズー教徒にとってクジャクは雷神インドラの化身。インドラは魔王ラーバナの攻撃を逃れてクジャクに変身し、その羽に100の眼を授かったとされます。クジャクは毒蛇を退治することから、エジプトではキジに並ぶ聖鳥です。

こうした神話伝承を検証していくと、トーテムとしてのクジャクの歴史や役割が明らかになります。その多くはクジャクの特徴や習性をそのまま反映したもの。古今東西のクジャク譚を研究することで、クジャクの象徴的な意味合いやメッセージが理解しやすくなるでしょう。

コウノトリ

キーワード：誕生、非言語コミュニケーション
パワーのピーク：通年

新しい命の象徴として、コウノトリほど長い歴史と影響力をもつトーテムはありません。中国ではツルに次ぐ吉鳥とされ、ローマ神話には、子宝と家族愛の女神ユーノーのエピソードに登場します。イエス・キリストをめぐる言い伝えにもコウノトリが出てきます。私が子供のころに聞いた物語では、コウノトリは十字架の周囲を旋回し、イエスを励ましました。

また、コウノトリは人間らしい感情を持つ鳥と考えられています。おとぎ話や伝説には人の姿をしたコウノトリが現れ、痛みを感じると人間のように涙を流します。

コウノトリは「渉禽《しょうきん》」と呼ばれる鳥の仲間です。その特徴は細長い脚、首、くちばし。長い脚で水辺や浅瀬を歩き回ります。水辺や浅瀬は精霊界への入り口、感情との接点、水という生命の源を象徴します。コウノトリは、感情に向き合う大切さや生む喜びを私たちに教えているのです。

コウノトリは子煩悩でも知られ、愛情豊かで責任感が強いとか。そこからローマの女神ユーノーに関連づけられたのでしょう。コウノトリは毎年のように古巣に戻り、同じ巣で子育てをします。

その習性にトーテムとしての役割が見て取れます。コウノトリが現れたら、古巣に――自分の原点に返る必要があるのではないか、童心を大切にしているか、肉親との縁が薄くなっていないか、自分

が生んだアイデアや企画を大事に温めているか自問してください。

コウノトリは野生であれ、トーテムであれ、縁起ものです。新しい命のシンボルですから、生き方を見直し、人生に新たな希望と喜びを見いだすきっかけにもなります。昔から、コウノトリが屋根の上を通過した家は子宝に恵まれると言われてきました。

コウノトリは声で意思の疎通を図ることはありません。その代わりに姿勢やジェスチャーやダンスを使います。くちばしを鳴らし、歩き方を変え、羽ばたきをして合図を送ります。この習性は古代神秘の「神に捧げる舞」にも通じます。

舞踊は生命力と精力を覚醒させ、異次元の世界と現実の世界とを結ぶ手段になります。コウノトリは舞のパワーを、とりわけ豊穣の舞のパワーを本能的に知っています。

トーテムとしては人生を豊かにするすべを教えてくれます。それは、言葉よりも動作や行動をとおして豊かな人生を実現する方法です。

コウノトリのトーテムは最大の成果を得るための行動やスランプの原因を示し、どのように舞えば実力が発揮できるのか助言してくれるでしょう。エネルギーは舞によって生まれ、試されます。コウノトリを見習えば、神聖な舞をとおして現状を打破し、新しいものを生み出す機会に恵まれるでしょう。

コンドル

キーワード：浄化、死と再生、新しい展望
パワーのピーク：通年（とくに夏と冬）

原始の時代、太陽は地球のすぐ近くにありました。近すぎる太陽に地球の住民はだんだん耐えられなくなり、一堂に会して、対策を話し合いました。そして、太陽を地球から引き離すことにしたのです。その実行役に最初に名乗りを上げたのはキツネです。キツネは太陽をくわえると、宇宙のかなたに向かって走り出しましたが、すぐに口の中をやけどし、リタイアせざるを得なくなりました。だからキツネの口の中は黒いのです。

次に立候補したのはフクロネズミ。フクロネズミはしっぽに太陽を巻きつけ、宇宙に向かって走り出しましたが、やはりしっぽをやけどして、途中で断念。今もフクロネズミのしっぽには毛がありません。

続いて手を上げたのがコンドルです。当時のコンドルは鳥類のなかでいちばん美しく、威厳をたたえていました。豊かな羽毛をたくわえた立派なトサカはみんなの憧れ。太陽を動かさなければ、地球は燃え尽きてしまう――そう心得たコンドルは太陽に頭を押し当てながら飛び立ちました。懸命に翼をはためかせ、太陽を上へ上へと押しやります。トサカが焦げるのを感じながらも、コンドルは飛び続け、ついに太陽を遠くまで移動させることに成功。しかし、自慢のトサカを永遠に失うことになり

ました。

コンドルほど誤解の多い鳥もいません。不吉な死のイメージがあるようですが、神話や伝説に描かれるコンドルはその正反対です。そうした言い伝えやコンドルの習性にわずかでも触れたなら、コンドルがいかにすばらしい生き物なのか理解できるでしょう。

ギリシャ神話に登場するコンドルは半鳥半獣の架空動物グリフィンの末裔です。グリフィンは天地、物心、善悪、守護、懲罰を象徴し、精霊界の正義の使者とされます。古代アッシリア人は死の天使がグリフィンとなって地上に現れると信じました。昼はタカのごとく、夜はネコのごとく活動するグリフィンは、まさに「寝ずの番」です。その血を受け継ぐコンドルは生死の神秘や救済の道を守る存在です。

エジプトの伝承では真実の女神マアトがコンドルの翼を付けているさまが描かれています。エジプトの一部地域においてコンドルは生類の母に例えられましたが、それは死んだ動物をむさぼることが、生存する動物を守ることにつながるからでしょう。昔は鳥獣が亡骸を食するのは神聖な行為でした。病原になるかもしれない死骸を処分するからです。当時は生も死も母性を意味しました。

コンドルは猛禽類ですが、タカやフクロウなどと違って脚力が弱く、かぎ爪が短いので、獲物を捕らえ、引き裂くのは苦手です。狩りはほかの動物に任せるしかありません。死骸を食す清掃動物は嫌われがちですが、その役割はきわめて重要です。死骸から発生する病原菌や細菌の繁殖を防ぎ、抵抗力の弱い動物を守ることになるからです。清掃動物は自然環境を衛生的に保ち、感染症の拡大を予防します。

コンドルにもさまざまな種類があり、それぞれ個性があります。共通する特徴としては歩く、立つ、木にとまるといった動作に力強さと威厳があること。コンドルは見かけによらず、無言の自信をたたえているのです。

コンドルは空を飛ぶ鳥類のなかで、体格も翼も最大級です。アンデスコンドルの翼幅は最大で4メートル、カリフォルニアコンドルは3メートルに達します。中米原産のトキイロコンドルは単独で飛ぶこともあれば、ペアになって飛翔することもあります。

地上のコンドルは地味で、空中のコンドルは勇壮です。優雅にのびのびと空を舞う姿は爽快な気分にさせてくれます。コンドルをトーテムに持つと、見た目よりも身のこなしで注目を集めるでしょう。

コンドルは地表から立ち上る熱気泡を目と翼でキャッチして飛行します。気流を感知する能力はオーラを読み取る力に置き換えられます。誰もが一度は見たことがあると思いますが、猛暑の日に、アスファルトから立ち上る陽炎のような気流が熱気泡です。人間がこのかすかな気流を目視できる範囲は、地表から数メートルほど。しかしコンドルは空中で熱気泡の流れを追うことができます。

さすがのコンドルも地上では熱気泡を目視できませんが、空中ではあらゆる気流を感知して、それに乗ることができます。コンドルをトーテムに持つ人は人間や物体から出るオーラとその色を読み取れるようになるでしょう。今は無理でも、コンドルのトーテムが教えてくれるはずです。

コンドルは宙に浮くことができると言われます。空中浮遊は超能力のひとつ。コンドルは引力に抗えるわけです。空中を舞うように、漂うように、滑るように飛翔する姿は浮世離れの感があり、呪縛からの解放を象徴します。エネルギーの配分を心得ているので、地球の引力にも世のしがらみにもとらわれることがありません。

コンドルは翼をたたんで飛行できますが、これは鳥類のなかでもめずらしい特技。そのおかげで労力を使わずに滑空できます。大きな翼をはばたかせれば一気に加速できますが、コンドルにはほとんど必要ありません。効率的な体力の使い方もコンドルが教えるところです。

大半のコンドルは嗅覚が発達しています。とくにヒメコンドルは鼻が利きます。においだけでエサのありかを特定できるほどです。昔から嗅覚は識別力の表れとされてきました。ヒメコンドルを見習えば、日常のあらゆるシーンで鼻の利かせ方が分かるでしょう。また、嗅覚はアロマテラピーとも関連します。コンドルをトーテムに持つ人は健康管理にアロマテラピーを採り入れるといいかもしれません。

コンドルの消化機能は独特です。コンドルの主食を考えてみれば、それも当然でしょう。ボツリヌス中毒に対するコンドルの耐性は人間の数千倍にも及びます。コンドルの消化器は殺菌作用のある物質を分泌し、腐肉に付着した毒素を殺します。

コンドルをトーテムに持つと、消化器系に変化が起きるかもしれません。好物だったものを体が受けつけなくなったり、今まで苦手だったものが食べられるようになったりします。口から入るものが体に与える影響を改めて実感するでしょう。コンドルをトーテムに持つ人は、食後の体調の変化に注意してください。避けたほうがいい食品、積極的に摂るべき食品が分かるはずです。

ヒメコンドルをトーテムに持つと、排泄のパターンも変わるかもしれません。ヒメコンドルには自分の脚に尿をかけるというめずらしい習性があります。自分に向けて排泄する理由のひとつは、脚に付着した腐肉の菌を洗い流すため。ヒメコンドルの尿には体内で分泌された殺菌物質が含まれています。

コンドルをトーテムに持つと排泄にトラブルが起きるわけではありませんが、日々の排便、排尿に注意してください。スタミナ不足や体調不良に悩まされたときは便通をチェック。腸の働きが悪くなっているかもしれません。

コンドルが自分の脚に尿をかけるのは、ほてりをしずめるためでもあります。この点も健康法を考えるうえで参考になります。コンドルをトーテムに持つ人で、ほてりに悩まされている人は、冷水に足を浸すと効果があるかもしれません。

コンドルには声らしい声がありません。くちばしから空気を搾り出し、シーッという音を立てるだけです。それは言葉よりも行動が大切で、口自慢の仕事下手にならないように伝えているのでしょう。

錬金術において、コンドルはワシに似ていることから「昇華」を象徴しました。コンドルの出現は人生の波乱と安定、個の精神力と宇宙のパワーに変化が生じたことを示します。それは今の苦しみは一時的で、大志を果たすために必要なプロセスであることを意味します。今がどれほどつらくても、いずれ救いの手が現れる——コンドルのトーテムはそう伝えているのです。

サギ

キーワード：独立独歩
パワーのピーク：春

ヨシゴイ、シラサギなどサギにはさまざまな種類がいます。カワセミやツルとは区別しなくてはいけません。サギは渉禽です。沼や浅瀬に生息し、水の中を渡り歩いてエサを捕ります。共通する特徴は細長い脚、首、くちばし。サギをトーテムに持つ人はこの身体的な特徴をおさえておくことが重要です。

人間も動物も脚があるから地上を移動できます。脚はバランスの象徴であり、前進や進化を意味します。脚が長ければ、そのぶん水中の深みを歩けますし、深いところにいる獲物も捕獲できます。サギの細く長い脚は太い支えを必要としないあかしであり、独り立ちできるだけの力がある証拠です。とくにオオアオサギをトーテムに持つ人は、この点に注目してください。オオアオサギは単独で狩りをするからです。

サギは水中に立ったままでエサを食べます。地に足をつけながらも、地球の別の要素（水）とも接していいます。サギがトーテムとして現れたら、多彩な動物の営みを研究するといいでしょう。サギをトーテムに持つ人は何にでも手を出す印象がありますが、いわゆる〝よろず屋〟として成功する可能性が高いのです。

その才能のおかげで我が道を行くことができ、普通の人にはできない生き方ができるでしょう。いわゆる安定した人生は望めないかもしれませんが、ものは考えようです。何でも器用にこなせることも安定のうち。ひとつがダメでも、ほかがあります。サギをトーテムに持つ人はそれを本能的に知っているようです。

サギは多くの仲間を必要としません。同調圧力を感じることもなく、自分を型にはめることもないでしょう。サギが群れるのは繁殖期だけで、普段は独立独歩でマイペース。サギをトーテムに持つ人はほかの人が気にも留めないことに着目し、それを上手に活用することを心得ています。

オオアオサギは沼の王と言われますが、コミミズクにその座を奪われることがあります。サギのなかではいちばんの長身で、空を飛ぶときは長い首をSの字にたたみます。そこにサギならではの知恵と柔軟性が見て取れます。サギをトーテムに持つ人も自分の判断を信じて、我が道を進むべきでしょう。自分にとって何がベストなのかは自分がいちばんよく分かっているはず。そのほうが、外野の声に左右されるよりもずっといいのです。

空を飛ぶオオアオサギは勇壮です。くちばしから足先まで一直線に伸びています。エサを捕るときは忍び足で水中を渡り、魚を見つけると、瞬時にするどいくちばしで突き刺します。これは狙ったチャンスを逃さない積極性の表れです。

アメリカササゴイはブルーグレーの羽衣とオレンジ色の脚が特徴的。この配色は個性とバランスの両立を意味します。アメリカササゴイは静かに空を舞い、夜間と明け方によく飛びます。そして、ほかのサギと同様に渉禽です。

アメリカササゴイの体色は季節によって変わります。目の虹彩は黄から鮮やかなオレンジになり、脚の色も同様に変化します。体色について調べると、トーテムとしての役割がいっそう深く理解できるでしょう。

シチメンチョウ

キーワード：恵みと実りの共有
パワーのピーク：秋

シチメンチョウは「地上のワシ」と呼ばれることがあります。精霊や地母神信仰に関係が深かったシチメンチョウは地球の恵みを象徴し、その恵みを最大限に活用する知恵があるとされました。シチメンチョウの寿命は12年とも言われますが、12という数字には重要な意味があります。地球は太陽の周りを12カ月かけて一周することから、シチメンチョウは地球のサイクルを体現すると考えられます。シチメンチョウをトーテムに持つと、実り多い一年が期待できそうです。

シチメンチョウの原産地はアメリカ大陸で、かつてはアステカ族やマヤ族も飼育していました。この鳥には無駄なところがほとんどなく、肉は食用に、羽毛は装飾品に、骨は笛の材料になりました。

アメリカ先住民の伝承にはシチメンチョウのさまざまな側面が描かれています。ある逸話ではシチメンチョウは世界を創造し、トウモロコシの栽培法や悪霊との戦い方を人間に伝授しました。一方では、インディアンの魔術師たちがシチメンチョウに姿を変えて、よその村をうろついたとする説もあります。

シチメンチョウはニワトリと同じキジ科に属するので、ニワトリの特徴もあわせて研究するといいでしょう。

シチメンチョウは鳥類のなかでも、とくに適応力が高い鳥です。一時は絶滅の危機に瀕しましたが、今では野生の個体数はすっかり回復しました。シチメンチョウにとって最大の脅威は生息地を失うこと。たいていの自然環境には適応できますが、好んで住むのは森林地帯です。

シチメンチョウは基本的に雑食ですが、一日にどんぐりを500グラムほど平らげます。木の実やどんぐりは秘めた知恵と成長の象徴。これらを主食とする鳥獣は知恵や成長という糧を得ていると解釈できます。ちなみに、シチメンチョウがリスの蓄えた食糧を盗むことはよく知られています。

オスのシチメンチョウの額には生々しい肉垂があり、ブヨブヨした赤い肉のかたまりが腫れ物のように見えます。しぼんでいるときは額からくちばしにかけてダランと垂れていますが、ほかのオスと対面したときなどは風船のように膨らみます。この肉垂はじつに象徴的です。古代の思想にある第三の目、心の目を連想させます。眉間や第三の目は眼識の高さを表し、母性のエネルギーが宿る場所です。ここからシチメンチョウは地母神のシンボル、母性の潜在力を体現する存在となりました。

シチメンチョウは一夫多妻が多く、メスのほうから求愛しなくてはいけません。メス同士はひとつの巣を共同で使用し、卵をかえすことがあります。それは身を守るための策であると同時に共有の精神の表れと考えられるでしょう。

シチメンチョウは飛べない鳥と思われていますが、そんなことはありません。すばやく飛び立ち、短い距離を時速9キロくらいで飛行できます。そして健脚で俊足です。夜間は木の枝の間に身を隠し、集団で眠り、夜ごとにねぐらを変えます。数の強さを心得るシチメンチョウは分かち合うことの大切さを示しているのです。

スズメ

キーワード：自尊心の覚醒と勝利
パワーのピーク：通年

害鳥扱いされるスズメも昔からそうだったわけではありません。快活で勝気なスズメは、あらゆる敵と渡り合い、繁殖力も抜群です。

スズメにちなんだ伝承もあります。それによると、スズメはイエス・キリストが処刑された場に居合わせたことから、苦難の末の勝利を象徴するようになったといいます。

イギリスでは家内の守護神、中世のヨーロッパでは農民や下層階級のシンボルでした。当時の農民は専制君主に苦しめられていただけに、小さなスズメが強敵を打ち負かす物語を好んだといいます。その強敵とはオオカミ、クマ、ワシといった動物ですが、いずれも貴族や支配者の象徴です。

スズメの繁殖力と、強敵に立ち向かうたくましさは、凡人にも英雄の魂が宿ることを暗示しています。スズメをトーテムに持つ人は胸に手を当てて考えてみてください。人につけ込むスキを与えていないか。自尊心を忘れているのでは？　服従することが当たり前になっていないか。

スズメなら強く生きるすべを教えてくれるでしょう。自尊心とプライドを取り戻し、敵に打ち勝つように導いてくれるはずです。

その象徴がウタスズメです。ウタスズメには喉から胸にかけて3つの斑があります。喉の左右に黒い班、胸の中央に大きな班があり、その3点を結ぶと逆三角形になります。その形は心臓と喉に精気が通うさまをイメージさせます。意志の力で持ち前の自尊心を揺り起こし、声に出して表現しなさい
――スズメはそんなメッセージを伝えているのです。

タカ

キーワード：先見性、守護
パワーのピーク：春分、秋分、新月

タカほど驚異と神秘に満ちた猛禽類はいません。タカは空中のメッセンジャーであり、ガードマンであり、レーダーです。猛禽類のなかでタカとフクロウは一、二を争う目利きです。

タカは種類によって体格、容姿、生息地が違います。種類が多くて見分けがつかないこともありますが、沼地、森、海辺、平原などの生息環境をリサーチすることで、トーテムとしての役割がはっきりするでしょう。

タカは一目でそれと分かります。種類までは分からなくても、タカの一種であることは誰の目にも明らかです。タカのたたずまいはそれだけ印象的で、私たちの想像をかき立てます。高いハンティング能力、鋭い眼光、勇壮に空を舞う姿に象徴性があります。

タカの種類をひとつ残らず紹介する紙幅はありませんので、もっとも個体数の多いアカオノスリを例にとりましょう。アカオノスリは赤茶色の尾をもつことから、その名がつきました。ただし、尾が赤いのは成鳥だけです。幼鳥は尾も瞳の色も薄いので、すぐに見分けがつくでしょう。

赤い尾はじつに象徴的で、精気の中枢クンダリーニをイメージさせます。人体のクンダリーニは尾てい骨のチャクラに関係します。アカオノスリをトーテムに持つ人はクンダリーニを意識するように

なるでしょう。そもそもクンダリーニが活性化しないことにはアカオノスリをトーテムにすることはできません。また、アカオノスリは子供のころの夢が実現する予兆でもあります。したがって、このトーテムを持つ人は魂の欲求に正直になろうとしているのでしょう。

タカは気流に任せて宙を舞い、旋回しますが、すぐれた視覚で獲物を探すときは電柱や木の上などにとまります。タカは飛翔と着地の両立を教えているのです。

さすがのタカも、ときには小型の鳥につつかれることがあります。タカをトーテムに持つ人は、この点を肝に銘じてください。理解のない相手や人を見る目のない相手から、あらぬ攻撃を受けたり、足を引っ張られたりするかもしれません。

アカオノスリのつがいは夫婦円満と言われ、子育ては夫婦共同で行います。アカオノスリは春先に卵を2～3個産んだあと、あらゆる外敵から必死で巣を守ります。野生のアカオノスリは繁殖地に長くとどまり、寿命は最長で14年です。

14という数字に重要な意味があります。タロットの14番目のカードは「節制」。そのメッセージは生命力の活性化と顕在化、そして節度をわきまえる大切さです。節度は意識のレベルを向上させるカギとなります。

高い意識を持つと、霊的なエネルギーが急激に増します。アカオノスリが示しているのは、霊的エネルギーを使いこなすにはバランス感覚と節度が欠かせないということ。このトーテムを持つ人は節制のカードを詳しく研究するとよいでしょう。念願をかなえるための創造力の使い方が分かるはずです。

アカオノスリの尾の色はエネルギーの高ぶりを示しています。肉体、感情、精神、魂がパワーに満ちあふれている状態です。アカオノスリは希望とひらめきのシンボルでもあります。新しいことに挑戦したり、誰かの挑戦を支えたりするように私たちにアドバイスしています。

アメリカ先住民のプエブロ族はこの鳥を「赤いワシ」と呼び、その羽根とエネルギーを儀式や雨乞いに役立てました。オジブウェー族にとってアカオノスリは指導力、熟慮、先見のシンボルです。アカオノスリの翼は大きく開きます。それは「創造力を広げなさい」とのメッセージでしょう。創造力が広がれば、将来の展望も広がります。

アカオノスリをトーテムに持つと、心身ともにパワーがみなぎってくるでしょう。それだけにパワーの使いどころに注意しなくてはいけません。アカオノスリは大蛇の頭を食いちぎる怪力の持ち主。このトーテムを持つ人は周囲から危険人物と見なされたり、敵視されたりするかもしれません。というのも、その行動や発言はタカのくちばしとかぎ爪に相当するほどパワフルになるからです。影響力は大きいですが、そのぶん破壊力もすさまじいのです。

アカオノスリの羽色は季節によって2パターンあります。アカオノスリをトーテムに持つ人はこの点にも注目してください。夏場は色が薄く、冬場には濃くなります。前者は歓喜と社交性、後者は孤立と厭世の表れです。

大空はタカの活動領域。タカは勇壮に空を舞いながら、地上と天上に語りかけます。そして、将来を展望し、創造的な生きがいをもつように私たちに促しています。

ダチョウ

キーワード：地に足をつける
パワーのピーク：通年

気持ちが浮ついたり、家族や友人から「しっかりして」と言われたりしたときはダチョウのパワーにあやかるとよいでしょう。ダチョウは現生する鳥類のなかで最大種ですが、ほかの鳥と違って飛ぶことができません。そこは非常に象徴的です。

飛翔という行為は新しい知恵との出合いを意味します。鳥類は天上界や高尚な英知との接点です。飛べない鳥も私たちを異界へと誘いますが、同時に、異界の英知を地上界で活用するすべを示してくれます。ダチョウも神聖な知恵を現実社会に生かすことを教えています。

人間を異界に誘い、迷子にならないように導く――そんなダチョウの役割は、天と地をつなぐ長い首と脚に象徴されます。ダチョウの首と脚について詳しく研究してみましょう。

ダチョウは俊足、健脚の持ち主です。蹴る力は強大で、高い殺傷力があります。足は地面に接する部位であることから、ダチョウは「足元を固める」大切さを身をもって示していると解釈できます。ダチョウがトーテムとして現れたときは、こう自問してみましょう――自分の足は地についているか。今までの知識経験を生かし、ステップアップすることに積極的か。前に進むために知恵を絞っているか。そもそも知恵を生かしきっていないのでは？　自分も周りの人間も浮き足立っていないか。

古い言い伝えによれば、ダチョウは危険を察知すると、砂の中に頭を突っ込み、怖いものを見ないようにするとか。しかし実際は違います。頭を突っ込むのではなく、首をひっこめるのです。背丈のあるダチョウは長い首を縮めることで、自分の身や卵を少しでも目立たなくしようとします。ダチョウがこのポーズを見せたら「ガードを固くして、身をひそめよ」という忠告です。今の自分は無防備になっていないか反省する必要があるでしょう。

野生のダチョウはしばしばシマウマやレイヨウの群れに混じります。どちらもダチョウの好物の昆虫などをおびき出してくれるからです。また、三者は外敵を発見すると教え合います。ダチョウをトーテムに持つ人はシマウマとレイヨウについても研究するといいでしょう。三者は互助関係にあります。

ダチョウは食欲旺盛です。これは知識に対して貪欲なことを暗示します。ダチョウは消化を助けるために石を飲み込むことがありますが、ここにも重要な意味合いがあります。

ダチョウにかぎらず、この習性を持つ鳥類は知識を咀嚼するように警告することが多いのです。新しく得た情報はきちんと噛み砕いて自分のものにしないと、誤解や早合点を招きます。ダチョウの存在は知識の吸収の仕方や地に足をつける大切さを知らしめているのです。

ツバメ

キーワード：家内安全、客観性
パワーのピーク：夏

ツバメは夏の到来を告げる縁起のいい鳥。暖を求めて移動する習性があるため、ツバメの飛来は夏の始まりの確かな兆候とされますが、「ツバメ1羽で夏にはならない（早合点は禁物）」ということわざもあります。

ツバメの伝説や逸話には事欠きません。アメリカ先住民によれば、ツバメは太陽から火を盗み、それを尻尾に乗せて地球まで運んできたそうです。そのせいでツバメの尾は2つに割れ、先がギザギザになってしまったとか。そんな言い伝えと渡りの習性から、ツバメは太陽と火のシンボルと言われます。

中世には、ツバメにまつわるさまざまな信仰がありました。当時の人々は、失った視力を回復させる魔法の石や薬草のありかをツバメが知っていると信じました。北欧の伝説にはツバメが十字架の上を旋回し、イエス・キリストを励ましたとする逸話が出てきます。

民家に巣を作るツバメは厄除けであり、とくに火災や風災から家を守ると考えられました。また、ツバメが空高く飛ぶ日は晴天、低空飛行なら雨天とも言われます。ツバメの生態や特徴を詳しく研究すると、トーテムとしての役割やパワーが分かるでしょう。

体の小さいツバメは昆虫を好んで食べます。くちばしも小さいですが、口はびっくりするほど大きく開きます。その特徴は私たちにコミュニケーションの見直しを迫っているかのようです。ツバメのトーテムを持つ人は心と裏腹のことを口にしていないか、不用意な物言いをしていないか、発言の主や言い方にばかり気を取られていて、発言の内容を聞き逃していないか反省してください。ツバメのトーテムは自分や相手の言葉に言霊が宿ることを示唆しているのかもしれません。

ツバメは害虫を食べます。民家の周辺に営巣するツバメは害虫駆除に貢献し、小さな「住環境の守り神」として機能します。ツバメに遭遇したときは、人生の「害虫」について何を伝えようとしているのか考えてみましょう――自分の生き方をきちんと管理する必要があるのではないか。小さなストレスをため込んでいないか。自分自身が誰かの「害虫」になっているのでは？　ワンパターンの毎日から抜け出せないのでは？　周囲の人はどうだろう。ツバメは、こうした問題の解決に協力してくれるのです。

ツバメは優雅に空を舞い、地上に降り立つことはほとんどありません。ツバメをトーテムに持つ人は、この点を覚えておきましょう。思考がマンネリ化していないか注意してください。ツバメが姿を見せるのは、ひとつの悩みを引きずっているとき。ツバメは発想の転換を促しています。

ツバメのかぼそい脚にもメッセージが見て取れます。ツバメが現れたら、いつもの思考パターンに陥って弱気になっていないか考えてください。視点を変えてみれば、物事ははっきり見えてきます。くよくよ悩むのは自分を弱くするだけです。自分と家族を守り、強くするには離れた場所から問題を見つめることです。

ポイントは客観性です。現状を客観視することで家庭を守り、自分にも家族にも今以上に暖かく接することができます。ツバメの力を借りれば、身の周りの「害虫」を一掃し、愛情の通う家庭を築くことができるでしょう。

ツル

キーワード：長寿、一点集中による創造
パワーのピーク：通年、日中

ツルは古代中国で有力なシンボルでした。今でも長寿と美徳を象徴します。ツルは水鳥の一種ですが、水鳥は母性の示し方を教えてくれます。

アメリカシロヅルは野生動物の保護運動が成功した好例。一時は乱獲によって絶滅寸前に追い込まれました。ツルがトーテムとして現れたら、失いつつあるものを取り戻すチャンスと考えていいでしょう。

ツルをとらえた写真には、たいてい成鳥しか写っていません。幼鳥の数が少ないことに加えて、親ヅルが幼い我が子を表に出すのを嫌うからです。それは親心の表れとも解釈できますが、自分が生んだものや生もうとしているものを秘密裏に育てるよう伝えているのかもしれません。

ツルは卵を2個産んでも、ふつうは1個しかかえしません。その習性から読めることは一点集中の大切さ。とくに「子育て」は集中力が欠かせません。育てる対象が我が子であっても、我が子同然のプロジェクトであっても同じです。ツルをトーテムに持つ女性は仕事と育児を両立するよりも、家庭に入って育児に専念するほうが向いているようです。それが難しいならツルのトーテムに学んで仕事と育児の両立を目ざしましょう。

ツルは現世と前世の接点。かつて中国では「鳥族の長」、日本では「瑞鳥」と崇められ、日本画には旭日や松とともに縁起物として描かれています。一方で北欧神話に登場するツルは地下世界の帝王であり、戦争と死の象徴です。

ツルのトレードマークは「鶴の一声」と言われる、けたたましい鳴き声。耳をつんざくようなその声は命が誕生する瞬間を思わせます。ツルのトーテムが示しているのは生み出す力とそれを維持する重要性です。どのような状況であれ、意識を一点に集中させれば、創造力を失うことはないでしょう。

ハクチョウ

キーワード：真の美しさと自信のめざめ
パワーのピーク：冬

ハクチョウは伝統と歴史のあるトーテムです。それは「ハクチョウ」という名にも表れています。SWAN（ハクチョウ）は最古の英単語のひとつで、アングロサクソン時代から変わることなく今日に至っています。

ハクチョウのたたずまいは優雅です。長い首と美しい羽衣が特徴で、水鳥のなかでは最大級。主に水草をついばみ、敏感なくちばしは水中でレーダーの役割を果たします。ハクチョウをトーテムに持つと、感受性が豊かになり、人の気持ちに敏感になるでしょう。

ハクチョウの全身は、くちばしと足を除いて純白です。それゆえに陽のシンボルと言われます。ハクチョウの仲間にオーストラリア固有の黒鳥がいますが、こちらは陰のシンボルとされ、希少価値や存在しないものを象徴することもあります。

すらりとした美しい首はハクチョウのトレードマーク。首という部位は頭（天上界）と胴体（地上界）のつなぎ目にあたります。ハクチョウをトーテムに持つ人は審美眼が磨かれ、新しい世界や未知のパワーに接する機会を得るでしょう。ハクチョウは内面の美を認めて表現するように私たちに教えています。それができると、人を惹きつけてやまないでしょう。アンデルセンの童話『みにくいアヒルの子』にも同じテーマが描かれています。

ハクチョウは寒冷地を好みます。暑さは苦手ですが、エサさえ確保できれば、寒さにはめっぽう強いのです。ハクチョウをトーテムに持つ人も冬のほうがしのぎやすいはずです。ハクチョウは北方に縁がありますから、「北」という方位の意味合いも研究するといいでしょう。

ハクチョウも、種類が違えば個性が違います。最大種のナキハクチョウは大きな声をとどろかすことから、その名が付きました。アメリカコハクチョウはいちばんポピュラーなハクチョウですが、その鳴き方はさえずりというよりも喧騒に近いものです。コブハクチョウの英語名はMUTE SWAN（無言のハクチョウ）といい、成鳥になると声を失うと言われます。実際には声を失うわけではありませんが、「沈黙は金」といわんばかりにめったに鳴きません。

ハクチョウはたくましい水鳥です。翼で一撃すると、人間の腕が折れることもあります。噛む力も強大です。ハクチョウの夫婦は子煩悩で、一生添い遂げます。なかには80年近く生きるものもいます。そこからハクチョウは活力と長寿のシンボルになりました。私たちも自分の美点や強さを意識することができれば、ハクチョウのパワーにあやかれるかもしれません。

ハクチョウは童心、詩心、夢を守る動物とも言われます。ハクチョウにまつわる神話はさまざまですが、そのなかでハクチョウは一貫して美と気品の象徴です。あるときは愛の女神アフロディーテに仕え、あるときは太陽神アポロのエピソードに登場しました。大神ゼウスはハクチョウに姿を変えて王妃レダと愛を交わしました。このようにハクチョウには天地をつなぐパワーがあります。

民話においてもハクチョウは人間界と精霊界の橋渡し役ですが、悲しい末路をたどることも多いようです。これは才能が使い方しだいで命取りになることを示唆します。ハクチョウのパワーを扱うときには注意が必要です。

ギリシャ神話には「ハクチョウの歌」にちなんだエピソードが登場します。それによると、ハクチョウは死の間際にいちばん美しい歌を披露するといいます。ここからハクチョウの歌は「遺作」「絶筆」を意味するようになりました。ハクチョウは歌と詩に神秘の力が宿ることを教えているのでしょう。だからこそ、歌や詩は私たちの童心や創造力に響くのです。

ハト

キーワード：平和、母性、予言
パワーのピーク：夜明けと日暮れ

ハトに関する言い伝えには事欠きません。その大半は伝統的な女性像や母親像がテーマです。ギリシャ神話の女神アフロディーテはハトがかえした卵から生まれ、ギリシャ最古の神託所とされるドドナは一羽のハトが創設したといいます。スラブ民族は死者の魂がハトになると信じていました。ハトは錬金術師にとって「純化」、キリスト教徒にとって「平和」、古代の多神教徒にとって「女陰」を意味し、母性を体現する鳥と考えられました。

アメリカ先住民のプエブロ族にもハト信仰があり、ハトの羽根は祈りの儀式によく用いられました。ハトの物悲しい鳴き声は雨を呼び、人間に水のありかを知らせていると解釈されたのです（水は伝統的に母性の象徴）。また、ハトは明け方に水源に帰ることから、ハトが鳴く所に水たまりや泉があると考えられました。

ハトの低い声は胸に響きます。憂いを含んだトーンは私たちの心を乱し、切ない気持ちにさせます。幼いころの私は、夏の朝に誰よりも早起きするのが好きでした。玄関のドアを開け、外に出て、柔らかな朝日を浴びていると、周辺の森から甘くせつないハトの鳴き声が聞こえてくる――それは希望を告げる声に聞こえました。

ハトの現生種は、絶滅したリョコウバトの小型版です。トーテムとしてのハトを理解するにはリョコウバトの特徴を調べる必要があります。

雑食性のハトは地上でエサをついばみます。そこから地母神に関連づけられ、豊穣や多産のシンボルとなりました。ハトの主食は種子ですが、消化を助けるために石を飲み、砂のうに溜める習性があります。ハトをトーテムに持つ人は消化と生産力の向上を兼ねて、食物繊維を多く摂りましょう。

ハトが一度に産む卵は2個と決まっています。数字の2は女性と創造性の象徴です。数秘術を研究すると、ハトのトーテムがより深く理解できるでしょう。

ハトの鳴き声は一日中聞こえますが、とくに明け方と夕暮れに顕著です。このふたつはいわゆる「はざま」の時間帯。目に見える世界と見えない世界、過去と未来の境があいまいになるとき。ハトのトーテムは「この時間帯を利用して創造力をフルに発揮しなさい」と伝えています。

ハトの歌は過去を嘆き、未来を呼び寄せます。ハトは予言の鳥として、この人生で何を生み出せるのかを告げています。

フクロウ

キーワード：秘術、予言、無言の知恵、先見性
パワーのピーク：夜間、通年

フクロウほど、とらえどころのない鳥はいないでしょう。さまざまなイメージがつきまとい、賛否両論を呼ぶこともめずらしくありません。その一因は夜行性にあります。昔から夜は人間にとって謎多き時間帯です。

フクロウは女性、月、夜を象徴し、「翼のあるネコ」と呼ばれたこともあります。偶像として崇拝され、悪魔の化身として嫌われたこともありますが、一般的には強力な癒しのパワーを秘めているとされます。また、動物を興奮させる月と縁が深いことから、多産と誘惑を象徴します。フクロウは神秘と闇、予言と知恵のトーテムです。

古代ギリシャでは知恵と芸術の女神アテナに関係し、英知のシンボル、城砦アクロポリスの番人とされました。旧約聖書では夫のアダムに反旗をひるがえしたリリスに例えられました。アメリカ先住民のポーニー族はフクロウを「守り神」、オジブウェー族は「死と悪霊の化身」、プエブロ族は「スケルトンマン」と呼びました。スケルトンマンは死神であり、豊穣の精でもあります。

フクロウにまつわる迷信は多く、生き霊説もあります。ウェールズ地方ではフクロウの鳴き声は安産の予告。もっとも広く信じられているのは、フクロウに透視力があるという迷信です。古代ローマ

では、寝ている人の体にフクロウの羽根を置くと、その人の隠し事が分かるとされましたが、それは、ひとえにフクロウの視覚と聴覚が発達しているからでしょう。

夜行性のフクロウは心の闇を象徴します。心の闇には秘密が隠れています。フクロウの目はよく見え、正確にピントを合わせられます。その瞳孔は、わずかな光の変化にも瞬時に反応。フクロウの目はかすかな動きを察知するのに適しており、網膜は光に対して非常に敏感です。

フクロウの黄色い瞳はじつに象徴的。表情を豊かにし、闇夜に浮かぶ太陽をイメージさせます。瞳の中に太陽を宿すさまにもフクロウの神秘が表れています。じつは、フクロウの目は日中でも立派に見えていますが、夜間のほうが冴えるのです。

漆黒の闇のなかでも、フクロウは獲物の居場所を正確に見極めます。聴力も同様に優れています。フクロウの耳は左右非対称で、たいてい大きさが違います。両耳の位置も微妙に違いますが、そのおかげで耳から入る情報を精査し、簡単に獲物の位置を特定できるのです。

メンフクロウの場合、目よりも耳のほうが優秀。首を前後左右に動かし、獲物が立てる音を正確にキャッチします。自分から音を発し、その反響を頼りに獲物の位置を特定することもできます。

フクロウをトーテムに持つ人は他人の隠し事を察知できるようになるでしょう。声にならない声が聞こえ、闇に隠れた秘密が見え、気配に敏感になるはずです。そんなあなたに周囲の人は脅威を感じるかもしれません。何でも見通されてしまうのですから当然です。実際にフクロウをトーテムに持つ人は相手の本音や本心を見抜くのが得意。それは霊視力、霊聴力に優れている証拠でしょう。

夜の鳥フクロウは闇夜にうごめく秘密を暴き出します。フクロウのトーテムは白日のもとにさらされることのない真実をとらえ、知らしめ、闇に埋もれた英知を引き出す力があるのです。

フクロウの仲間は100種を超え、昔から人間の生活に密着していました。人間の暮らすところにはネズミがいます。ネズミはフクロウの好物です。つまり、人間のいるところには必ずフクロウが生息するはずです。ところが、私たちはネズミ退治はネコに任せたほうがいいと考え、フクロウを遠ざけました。しかし、それは大きな間違い。メンフクロウが一晩で捕獲するネズミの数はネコの10倍で、育児中はさらに捕獲数が増えます。

フクロウは人間と同じように上まぶたを動かしてまばたきします。そこに人間っぽい表情がうかがえて、フクロウを神秘的にします。しかし、人間と違って眼球を動かすことはできません。その代わり首はよく動くので、広範囲を見渡すことができます。さすがのフクロウも首を360度回転させることはできませんが、首の動きが速いため、そう見えることがあります。フクロウをトーテムに持つ人は首の象徴性を考えてみましょう。首が凝って動きが悪いと、視界は著しく損なわれることになります。フクロウをトーテムに持つ人は日頃から首のマッサージを心がけるといいでしょう。

フクロウやタカなどの猛禽類には「第三のまぶた」があり、左右に開閉します。第三のまぶたを動かすことで眼球を洗い、視界をクリアに保っているのです。このまぶたは開眼の象徴であり、洞察力の深さを表します。フクロウをトーテムに持つと、今まで見えなかったもの、気づかなかったことが見えるようになるでしょう。フクロウをトーテムに持つ人の多くは、相手の目を見ただけで心が読めますが、その才能を「気のせい」「偶然」で片づけてしまうようです。自分の直感は内容を問わず、信用してください。

フクロウの求愛行動はほかの鳥とほぼ同じ。オスはさかんにホーホーと鳴き、ダンスを披露してメスの気を引きます。フクロウの多くは単性ですが、繁殖期だけはオスとメスが同居します。メスのフクロウ（とくに、羽角と呼ばれる耳状の器官がついている種）は本当に信頼できるオスとしかつがいになりません。メンフクロウの夫婦は一生添い遂げることもありますが、大半は子が巣立つと夫婦関係を解消します。

フクロウは基本的に巣を作りません。産卵のときは木の枝やほかの鳥の古巣を利用します。そのため、フクロウの幼鳥はしばしば木から落下します。地面に落ちた幼鳥は親に捨てられたように見えますが、決してそうではありません。そのまま放っておいても、親は必ず見つけに来ます。

卵を温めるのはもっぱらメスですが、そのあいだオスはネズミを調達します。家族のいるオスは一晩で10匹あまりのネズミを狩ります。フクロウは名ハンター。ネズミの過剰繁殖を抑え、生態系の維持に一役買っています。

フクロウは翼の縁が特殊なつくりになっていて、羽音を消して静かに飛行します。翼は体の割に非常に大きいですが、そのおかげで低速飛行でき、物音を立てずに獲物に忍び寄れるのです。フクロウをトーテムに持つ人は、この静寂の効果を見習うべきです。私たちも黙々と仕事に取り組んでこそ、最大の成果が得られるはずです。

フクロウの捕食がさかんに研究されてきたのは「ペリット」と呼ばれる習性があるからでしょう。フクロウは通常、獲物を頭から丸のみし、消化できないもの（骨、体毛、羽、かぎ爪など）はかたまりにして吐き出します。ここに象徴的な意味合いがあります。頭からのみ込むのは獲物の知恵とエネルギーを吸収するためであり、ペリットにして吐き出すのは役に立たないもの、有害なものを選別し、排除するためと解釈できます。

フクロウについてリサーチするときは全種に共通の特徴と種ごとの特徴を調べることが大切で、フクロウのパワーを詳しく知ることができます。ここでは6種しか紹介できませんが、フクロウのトーテムを生かすためのヒントになるはずです。

フクロウとほかの猛禽類を組み合わせると対照的なペアになります。フクロウが月夜の猛禽なら、相手は白昼の猛禽と言えるでしょう。

フクロウとタカは縄張りを共有することが多々あります。後者はそれを昼に利用し、前者は夜に利用します。これはトーテムとしても両者が共存関係にあることを示唆しますが、人間社会の男女共存を考える際の参考になりそうです。

共存関係にあるフクロウとタカのペアをいくつか挙げます。

最初に紹介するのはアメリカワシミミズク。アメリカに生息するフクロウのなかでは、もっとも獰猛で腕のいいハンターです。力があり、俊敏で、ウッドチャックの首を簡単にへし折ってしまいます。どんな敵にもひるまないどころか、すべての猛禽類と互角に渡り合うことができます。その立派なカギ爪とくちばしは見る者を圧倒します。

月夜の猛禽アメリカワシミミズクと共存する白昼の猛禽と言えば、タカのアカオノスリでしょう。両者は同じ区画に巣を構えることが多々ありますが仲が良いわけではありません。それどころか、アメリカワシミミズクがさかんにちょっかいを出すので、アカオノスリはすきさえあればアメリカワシ

共存関係にあるフクロウとタカのペア

フクロウ（月／夜間）		タカ（太陽／日中）
アメリカワシミミズク	＝	アカオノスリ
アメリカフクロウ	＝	カタアカノスリ
コノハズク	＝	チョウゲンボウ
コミミズク	＝	チュウヒダカ
シロフクロウ	＝	シロハヤブサ

ミミズクを追い出そうとします。アメリカワシミミズクのいやがらせに平然としている猛禽はイヌワシだけではないでしょうか。

その獰猛さゆえに、アメリカワシミミズクは変化の激しい環境に適応し、生き延びることができました。アメリカワシミミズクの攻撃は激しいのですが、その猛攻がトーンダウンするのは、しばらく巣を空けていたハヤブサが舞い戻ってくるときです。しかし、ハヤブサが不在の間は縄張りに君臨し、自分の巣や猟場を譲ることはありません。

アメリカワシミミズクの好物はスカンクです。アメリカワシミミズクをトーテムに持つ人はスカンクのもつ象徴的な意味合いをチェックしましょう。アメリカワシミミズクはあまり鼻が利かないので、スカンクにとっては脅威です。また、このフクロウをトーテムに持つ人はカラスについても研究してください。カラスは束になってフクロウに先制攻撃を仕掛けることがあります。というのも、フクロウに巣を発見されると、目も耳もきかない夜間に襲われることが多いからです。

アメリカワシミミズクの頭上に生えているのは「羽角」であって、耳ではありません。羽角は単なる羽毛の束です。耳はもっと低い位置にあり、ほかのフクロウと同じく感度良好。フクロウは視覚よりも聴覚に優れているのです。

続いて紹介するのは人気者のメンフクロウ。特徴的なハート形の顔面は感情と理性を象徴します。メンフクロウはそのふたつのバランスを取るように伝えています。頭頂部は淡い金色、全身は白い羽毛で覆われています。

メンフクロウにはさまざまな呼び名があります。暗闇のなかでメンフクロウを見上げると、白い幽霊のよう。そこから「ゴースト（幽霊）フクロウ」なるニックネームがつきました。メンフクロウは廃墟、土地、民家などに居つく地霊と関係があります。メンフクロウをトーテムに持つ人は霊能力が開花するかもしれません。

メンフクロウは聴覚に優れ、ひときわ高い捕食能力を持っています。メンフクロウの脳は耳から入る情報を処理するためにあると言っても過言ではないでしょう。また、耳には特殊なセンサーを備えており、「反響定位（自ら発する超音波の反射をとらえて対象の位置を割り出すこと）」を利用して獲物の位置を正確に特定します。メンフクロウをトーテムに持つと心の声や、霊魂の声まで聞ける（霊聴できる）かもしれません。

メンフクロウは要領が良く、高い適応力があります。エサと見れば、何にでも食いつきます。ネズミを捕食することがいちばん多いので、メンフクロウをトーテムに持つ人はネズミについてもリサーチするといいでしょう。

次はアメリカフクロウです。このフクロウは美声の持ち主で愛嬌があります。ずんぐりした体型と黒い瞳が印象的。縞模様の羽毛が特徴で、首の周辺に横縞が入っています。縞模様はフクロウの獰猛さを封じていると解釈できます。

アメリカフクロウと共存できるタカはカタアカノスリです。両者は仲良く縄張りを共有します。先ほど紹介したアメリカワシミミズクとアカオノスリのペアとは大違いです。アメリカフクロウもカタアカノスリも密林地帯を好み、ときにはひとつの巣を共同で使うこともあります。

アメリカフクロウの身上は、なんといっても温厚な性格。見かけによらず、人畜無害です。なかなかの役者で一芝居打つことがあります。鳴き声を上げるのは、ほかの動物や人間を威嚇するためと考えられます。アメリカフクロウは効果的な声色の使い方を私たちに教えているのでしょう。

今まで挙げたフクロウに比べると、コノハズクはずっと小型です。アメリカワシミミズクと同じで、耳状の羽角があります。全身は灰色か赤みがかっていて、体高はわずか15～25センチしかありません。ところが、小さな体に似合わず、度胸と獰猛さはアメリカワシミミズクに引けを取りません。それゆえに「アメリカワシミミズクのミニチュア版」とよく言われます。

コノハズクと共存関係にあるタカはチョウゲンボウ。両者は縄張りを共有し、森林地帯を好み、樹洞に巣を作ります。ともにコオロギとハツカネズミが好物です。

コノハズクは狩りが達者。ときにはチームを組んで獲物を仕留めます。チームワークを発揮してサバイバルに努める姿勢はコノハズクの教えるところです。個性と協調性は両立できることを身を持って示しています。

コミミズクは昼夜を問わずに狩りをする希少なフクロウ。トーテムとしても昼夜を問わずにパワーを発揮するでしょう。またフクロウとしてはめずらしく巣作りや渡りを行います。炎のような模様があることから、Asio flammeus（炎のフクロウ）という学名が付きました。炎の模様は激しい気性の表れです。

コミミズクにはユニークな特技があります。野ネズミが異常繁殖している場所を一晩で突き止めるのです。このカンの良さ、タイミングとチャンスを逃さない目ざとさは私たちも見習うべきでしょう。コミミズクは冒険心と遊び心にあふれています。さすがのカラスもほかのフクロウやタカを追い払うことはできても、コミミズクにはかないません。コミミズクに襲い掛かったカラスはたびたび返り討ちに遭います。コミミズクは小柄ですが、タフで俊敏で怖いもの知らず。それもそのはず。飛行能力にかけては鳥の中でもダントツです。

共存関係にある機敏なチョウヒダカでさえも、空中戦ではコミミズクに勝てません。それでも両者は縄張りを共有し、ふざけて〝取っ組み合い〟に興じることがあります。本来は隣りあわせて巣を作り、争うことはめったにありません。

コミミズクは多芸多才で好奇心の強い鳥。高い身体能力を持ち、恐れを知りません。コミミズクが象徴するのは火と空気ですが、どちらも万物に影響する要素。生きる意欲に火をつけ、発想をあおり、想像をかき立てます。

最後に紹介するのは勇壮なシロフクロウです。アメリカワシミミズクよりも大型ですが、大きさよりも純白の羽衣に目を奪われます。北極圏のツンドラ地帯に生息し、獲物を求めて遠い距離を南下します。

フクロウが活動するのはたいてい夜間ですが、シロフクロウはコミミズクと同じで昼夜を問いません。日光の下でも暗闇の中でも狩りをします。シロフクロウの目にはユニークな機能があります。虹彩を開閉して、目に入ってくる光の強度を調整できるのです。

シロフクロウの狩りは「待ち伏せ作戦」が定番。一見すると、ずる休みにも思えますが、それは誤解です。本当は体力を温存しながら、たえず周囲に目を光らせ、チャンスをうかがいます。好機をとらえるカンの良さは私たちも見習うべきでしょう。

シロフクロウの主食はタビネズミとホッキョクノウサギです。シロフクロウをトーテムに持つ人は両者についても研究してください。シロフクロウは体重に相当する量を毎日食べ、コミミズク同様にカンが鋭く、獲物が集まりそうな場所を予知します。不猟の時期が来ることを察すると、頃合いを見て移動し、古巣に舞い戻ってきます。この予知能力こそ、シロフクロウのトーテムのパワー。透視力と霊感に優れているのです。

シロフクロウは新天地に渡っても、自分の実力を誇示したりしません。静かに現地に入り、自分の仕事に集中します。だから成果が上がるのです。この姿勢は私たちも見習うべきでしょう。地上のシロフクロウはカギ爪を隠して歩きます。まさに「能あるフクロウは爪を隠す」です。ここにもシロフクロウの教えがあります。それは仕事を達成する秘けつはタイミングと技であり、威嚇ではないということ。本当の強さは優しさであることをシロフクロウは身をもって示しています。

シロフクロウはサバイバルの達人です。幼鳥のころから俊足で泳ぎがうまく、いざとなれば死んだフリもします。このフクロウはアメリカワシミミズクの強靭さとアメリカフクロウの獰猛さを兼ね備え、何よりも、コミミズク顔負けの度胸とマルチな才能に恵まれているのです。

ペリカン

キーワード：軽快な心、奉仕の精神
パワーのピーク：通年

現生するペリカンはあわせて8種。いずれも長いくちばしと大きなのど袋が特徴です。くちばしとのど袋の用途について世間では（漫画の世界でも）誤解があるようですが、どちらも魚をすくいとるために使うのであって、蓄えるためではありません。ペリカンをトーテムに持つ人は、ため込まなくていいものをため込んでいないか、今あるものを充分に咀嚼して生かしているか自問しましょう。

ペリカンは、かつて神秘的な存在でした。伝説によると、自らの胸を傷つけ、その血を子に与えたといいます。ここから奉仕の象徴とされ、イエス・キリストに例えられるようになりました。カッショクペリカンはたいていマングローブに巣を構えますが、縄張り争いを避けるために、あえて仲間のためにスペースを残します。ここにも奉仕の精神が見て取れます。

その精神は、チームを組んで魚を捕るという協調性につながります。とくにモモイロペリカンは抜群のチームワークを見せます。集団で水面めがけて急下降し、魚の群れを浅瀬へと追い込むのです。

ペリカンは体格がいい割には身軽で、浮力があります。ボートを浮かべたように水面をプカプカと漂います。空中から水中にダイブしたペリカンはすぐに水面に浮かんできますが、そんな芸当ができ

るのは皮下に空気の袋があるから。そのおかげで溺れずにすむのです。

ペリカンの浮力を象徴的に解釈すれば、重圧のかかる状況下でも心は軽くしていられるということ。どれほどつらく落ち込んでも、いずれは浮上できると教えているのです。ペリカンには人生の試練を乗り越える知恵があります。それは、ペリカンがかつて砂漠で大蛇を食べて生き延びたという伝説にも表れています。

身軽なペリカンですが、水面から飛び立つのに苦労することがあり、それでも最後はどうにか飛び立ちます。ここにも「とらわれた心を解放しなさい」というメッセージが込められています。水は感情のシンボルで、人は感情の波にのまれがちです。ペリカンのトーテムは、そんな私たちに感情に溺れないコツを教えてくれるでしょう。

ペンギン

キーワード：明晰夢、地上の天界
パワーのピーク：通年

ペンギンは飛ばない鳥です。その翼は水の中で役に立ちます。ペンギンは泳ぎの名手で、空を飛ぶ鳥のように水中をスムーズに移動します。翼をひれ代わりにして水をかき、舵を取ります。ペンギンは水中からジャンプし、両足で着地します。その飛距離は1・5～2メートルにも及びます。この身体能力と水との接点は非常に象徴的。水は地上の天界であり、幻想世界のシンボルだからです。

水陸を往来する能力は「意識的に夢を見られる」能力と解釈できます。ペンギンをトーテムに持つ人は明晰夢を体験するかもしれません。夢と知りつつ夢を見られるのは、夢の内容を変えられるということ。夢をコントロールできれば、覚醒時の出来事もコントロールできるでしょう。

水から陸への跳躍は体外離脱を連想させ、自らの肉体を意識的に離れることを暗示します。体外離脱体験（ＯＢＥ）は現代でも実践されている神秘体験のひとつで、意識的に仮想現実を味わえます。ペンギンも自分の意志で肉体を出入りできるのかもしれません。

注目すべき習性はほかにもあります。オスの皇帝ペンギンは卵の守りを積極的に引き受けます。皇帝ペンギンは巣を作りません。メスが産んだ卵は、オスが足の上に乗せて氷床から守ります。卵がかえるまでの2カ月間、オスは卵のそばを離れようとしません。自分の被毛で卵を守り、ほとんど動かず、飲食も控えます。卵がかえったあとは、メスが育児を引き継ぎます。

この習性もじつにシンボリック。前にも述べたとおり、水は母性と出産の象徴です。皇帝ペンギンはそのことを身をもって示しています。オスの皇帝ペンギンをトーテムに持つ人は2カ月がかりでアイデアを温め、育て、成就させることになるかもしれません。また、ペンギンの父親は伝統的な母親の役割をにないますが、それは意識の変化や発想の転換と解釈できるでしょう。

ムクドリ

キーワード：団体行動、マナー
パワーのピーク：春

ムクドリは非常に社交的です。巣の外ではつねに仲間同士で集まり、大きな群れをつくります。移動するときも一緒なら、エサを食べるときもほとんど一緒。それだけに団体行動やマナーについてムクドリから学べることはたくさんあります。集団の一員としてどのように振る舞うべきなのか。団体行動の作法はムクドリを見ればすべて分かります。良くも悪くも手本になるでしょう。

悪い手本としては集団によるいじめが挙げられます。ムクドリは寄ってたかってほかの鳥を襲います。コマドリ、ルリツグミ、ミソサザイ、ときには小型のハヤブサまでもが標的になります。難を逃れるのは強靭なコノハズクくらいです。

ムクドリをトーテムに持つ人は次のように自問してください。矢面に立たされていると思うことはないか。他人に余計なプレッシャーを与えていないか。無礼な態度を取っていないか。ムクドリの出現は無礼を戒めているのかもしれません。もし誰かにいじめられているのなら、コノハズクに習って、きぜんとした態度を見せましょう。

春になると、ムクドリのくちばしは黄色になります。それは声のパワーが増しているあかしですから、ムクドリをトーテムに持つ人は言葉に気をつけましょう。自分の発言が誤解や曲解を招くかもしれません。また、他人の言動に過敏にならないように注意する必要もあります。

ムクドリは声帯模写が得意で、10種以上の鳥の声を真似できます。ここにも団体行動の作法が見て取れます。群れのなかで仲良く暮らすには、さまざまな言語を使い分けなくてはいけません。それがムクドリの教えであり、コミュニケーションを明快にする必要性を説いているのです。

メンドリ

キーワード：多産、犠牲
パワーのピーク：通年、明け方

ニワトリは最古の家禽のひとつ。人間に飼育されながら、象徴性を保ってきました。「Chicken（雌鶏）」という英語名はアングロサクソン語の「Cicen（養鶏）」に由来します。ニワトリはキジの仲間。野生のキジについて調べれば、ニワトリの象徴的な意味合いがさらに具体的に分かるでしょう。

メンドリは産卵能力が高いことから、多産の象徴とされます。羽毛が寝具に使われるのは寝室が性行為を営む場所だからでしょう。メンドリは昔からいけにえの儀式に供されてきました。しかし、メンドリのキーワードの「犠牲」はそれだけを意味しているのではなく、性的なニュアンスも含みます。交配のとき、精子は卵子と結合するために「犠牲」になります。射精によって精子が体外に排出されるのも、一種の「犠牲」と解釈できるでしょう。その解釈はシェークスピアの時代からありました。シェークスピアは自作のなかで「果てる」という表現を繰り返し使い、「死」のほかに「オーガズム」や「射精」という卑俗な含みをもたせました。当時の観客もその含みを理解していたようです。

メンドリと鶏卵は占いにもなりました。メンドリが偶数個の卵を生んだら凶運、聖金曜日に卵を生んだら幸運を意味しました。毎日の餌やりも天界を占う材料になり、メンドリの食が進まない日は神々の機嫌が悪いとされました。

ワシ

キーワード：魂、癒し、インスピレーション
パワーのピーク：通年、日中

ワシは猛禽類のなかでもひときわ勇壮で人気が高く、古今東西の人間社会にインパクトを与えてきました。大空を舞い、獲物を射止める姿は見る者すべてを魅了します。あまりにもハンティング能力が高いので、狩りは一瞬で終わります。地上の獲物を捕らえ、空高く舞い上がる姿はタカのトーテムからのメッセージ。母なる大地との距離の置き方を伝えているのです。

ワシになじみの深い民族にはワシにまつわる神話や伝説がいくつもあります。古代アズテック族の言い伝えによると、主神は「ヘビをくわえたワシがサボテンにとまる土地に定住せよ」とのたまったといいます。その土地が現在のメキシコシティです。

ワシはギリシャ神話の最高神ゼウスの使いであり、ゼウス自身もたびたびワシに姿を変えて雷や稲妻を操りました。世界最古の文明を開いたシュメール人はワシを聖鳥とし、アナトリア半島に王国を築いたヒッタイト族は双頭のワシを紋章にしました。ワシはローマ神話の主神ユーピテルとも関わりが深く、ローマ帝国の紋章として有名。エジプトの神聖文字ヒエログリフのAはワシの象形文字とされ、魂、精霊、温情を意味します。また、初期のキリスト教神秘主義においてワシは復活の象徴でした。

アメリカ先住民の伝説に出てくるサンダーバードはワシをモデルにしています。サンダーバードは

偉大な精霊で、雷雨と賞罰を支配します。平原クリー族は「神通力をもつ鳥」としてワシを信仰し、ワシの体の一部を所有すれば、その力にあやかれると信じました。プエブロ族にとって、ワシは天に通じる鳥です。ワシは弧を描いて舞い上がることから太陽のもとまで飛んで行く鳥と言われ、太陽のパワーの象徴となりました。プエブロ族は東西南北に「天底」「天頂」を加えた六方位を採用していますが、高い飛行能力を持つワシは「天頂」のシンボル。天頂からは四方が見渡せますからワシは千里眼や霊視力を有するとされます。

現存するワシは全部で59種。大別すると「ウミワシ」「ヘビクイワシ」「オウギワシ」「クマタカ」の4グループになりますが、同じグループに属していても種ごとに特徴が異なり、体色や羽毛は一羽ごとに違います。

ウミワシは魚などの海中生物を主食にします。北米でよく見かけるハクトウワシもこのグループです。ハクトウワシをトーテムに持つ人は、水のもつ象徴的な意味合いを理解しておきましょう。水と魚は霊感や創造のシンボルです。水は天と地の間に位置しますから、ウミワシは天上界と地上界を行き来するパワーを宿していると解釈できます。

水は命の源です。ハクトウワシをトーテムに持つ人は天然の水源の近くで過ごすといいでしょう。ハクトウワシのように水生動物を捕獲するには水面めがけて下降し、獲物を捕らえ、水面から上昇しなくてはいけません。そのためには感情や霊妙な力をコントロールする必要があります。異界を自在に出入りし、天地のかけはしになるには何が必要なのでしょう。ハクトウワシのトーテムならヒントをくれるはずです。

ヘビクイワシに属する種にはたいていトサカがあります。足の指は短く頑強で、暴れるヘビを捕獲するのに適しています。ヘビクイワシをトーテムに持つ人はヘビの特徴や意味合いもリサーチしましょう。ヘビクイワシはヘビを丸呑みすることから知識の吸収と咀嚼を象徴します。ちなみにヘビは英知のシンボルです。

オウギワシのグループは最大最強の種が揃っていますが、アメリカ大陸には生息していません。大きなかぎ爪を使って、シカなどの大型動物を捕食します。参考までにオウギワシが捕食する動物を調べてみましょう。

アメリカで珍重されるワシと言えば、ハクトウワシとイヌワシ。ハクトウワシはイヌワシよりも大きいですが、高く優雅に飛ぶことにかけてはイヌワシにかないません。ハクトウワシが女性らしさの象徴なら、イヌワシは男性性の象徴です。ハクトウワシの白い頭部は知恵、癒し、創造性の象徴として崇められています。どちらのワシも気高さや神々しさを表し、天界の使者、太陽の精に例えられます。

また、両者は若がえりの象徴でもあります。一説によると、老境にさしかかったワシは目がかすむと、太陽まで飛んでいって身を焦がすといいます。そして天然の清水に3回ほど身を浸し、若さを取り戻すのだとか。

この伝説には象徴的なメッセージがいくつか含まれます。ひとつは復活と再生ですが、もうひとつは錬金術にちなむメッセージです。灼熱の太陽と冷たい清水という対照的な要素が混じり、化学反応が起きることを示唆します。この伝説は教訓も残します。ワシをトーテムに持つ人は、今の自分に次のことが欠けていないかどうか反省してみましょう。

1．創意工夫。逸話に出てくる3という数字は新生と創造を象徴する。
2．計画性と大胆な行動力。それが人生に化学変化を起こす。
3．向上心（太陽への飛行に象徴される）、やけど覚悟で腕試しをする度胸。
4．自分の心に正直に向き合い、感情の変化を味わう。それによって失った童心が蘇り、一途さ、情熱、創意、癒し、霊妙な力を取り戻すことができる。

種ごとの習性や特徴を研究すれば、ワシのメッセージや教訓がさらに詳しく分かるでしょう。

ワシの足の指は4本です。昔から4という数字は安定感や足固めを意味します。ワシは高い飛行能力を持ちながら、大地にしっかりと足を着けます。ワシのかぎ爪は狩りと捕獲に使われますが、そこには「つかんだ獲物を放さず、有効に活用しなさい」とのメッセージが見て取れます。強い握力と手中の資源を活用する知恵がなければサバイバルできないと伝えているのです。

ワシの鋭いくちばしは獲物を引き裂き、押し潰すのに適しています。あごも発達しています。人間のあごは咀嚼と発声に役立ちますが、ワシの場合は違います。ワシの声帯は強くありませんが、あごには発達した筋肉がついています。ワシをトーテムに持つ人は発言の内容、方法、タイミングに注意してください。そうでないと言葉で人を傷つける（引き裂き、押し潰す）ことになりかねません。

ワシをトーテムに持つと、視野が広くなります。過去、現在、未来までをも見渡せるようになるでしょう。ワシの目は顔の中央に寄っており、人間と同じように立体視できます。視野の広さは人間の

8倍以上。数字の8は無限大の記号∞に似ています。ワシのトーテムを持つと、将来の展望が開けるでしょう。

ワシの耳は外からは見えませんが、よく発達しています。目と同様に耳でも獲物を感知できます。ワシをトーテムに持つ人は心身の耳が鋭くなるでしょう。

ワシのカップルは多くが一生を添い遂げます。巣作りのときはオスが建材を集め、メスは設計を担当。この役割分担にも象徴的な意味合いがあります。ワシは大きな巣を作り、かならず高所に設置します。巣作りは分担制ですが、子育ては共同で行います。ここに連帯責任の大切さが表れています。

ハクトウワシのつがいの儀式は興味深く、神秘的。空中でダンスを披露するのです。オスとメスが空に舞い上がり、旋回し、急降下します。足をつなぎ、かぎ爪を絡ませ、回転しながら交尾するのです。交尾が終わると二羽はいったん体を放し、再び上昇してから同じ動作を何度も繰り返します。その姿は愛を交わす喜び、危険、スリル、興奮を象徴します。ワシをトーテムに持つ人は未知の官能を体験するかもしれません。

ワシは正真正銘の捕食者です。ワシに限らず、捕食者は生態系の維持に貢献します。捕食者は衰弱した動物や病んだ動物を捕らえるので、生物界の公衆衛生管理に一役買っています。ワシをトーテムに持つ人はさまざまな意味で人を癒すことになるでしょう。

狩りをするときのワシは体力の温存に気を配ります。高所にとまって獲物を待つこともあれば、時間つぶしに空を舞い、曲芸に興じることもあります。しかし、いざとなったら出動できるように監視の目を休めることはありません。ワシをトーテムに持つ人は、この体力温存の知恵を学んでください。

ワシは要領が良く、ほかの動物が捕まえた獲物を横取りすることがあります。ワシはチャンスの到来（再来）を告げるトーテム。チャンスと見たら、すかさず自分のものにするように促します。

ワシの狩りのスタイルは急襲だけではありません。翼をたくみに操り、獲物に気づかれないように接近することもできます。羽ばたきを止め、空中にいったん停止し、狙いを定めてから一気に襲いかかることもあります。ワシをトーテムに持つと、間の取り方がうまくなるでしょう。急上昇、急降下、空中停止のタイミングをつかむには風を味方につけ、自分の翼で気流をとらえることが大切です。

ワシの武器はくちばしやかぎ爪にかぎりません。頑強な体を生かし、猛スピードで獲物に体当たりすることもあります。その一撃で相手は失神するか死に至ります。ハクトウワシに体当たりされる衝撃は、ライフルの銃弾を被弾したときの2倍に相当するそうです。

ワシはスタミナの象徴で、見た目以上に体力があります。ハクトウワシの成鳥の体重は平均4～5キロで、一般的な飼い猫よりも少ないほどです。

ワシのパワーを授かることは、身のほどを超える影響力と責任を授かるということ。そのぶん立場は大きく変わり、自分の判断、行動、発言は良くも悪くも瞬時にインパクトを与えます。ワシをトーテムに持つなら、使命を引き受け、自分の魂を成長させなくてはいけません。そうしてこそ天と地を行き来し、万物を癒し、創意を伝えることができるのです。

第Ⅲ部　哺乳類のメッセージ

6

哺乳類を敬う

動物に対する解釈の違いを把握し、自分と照らし合わせる

かつてアメリカ先住民を始めとする多くの社会が、ヒトと動物を区別する言葉を持ちませんでした。これは興味深い事実です。とくに哺乳動物はヒトと同じ「一族」としてくくられていたのです。アメリカ先住民のラコタ族にとって動物は兄弟、姉妹、父母であり、家族も同然でした。「動物」という言葉が使われ出したのは1600年代に入ってからですが、当時は学術用語で、一般には動物は「毛もの」「生き物」などと呼ばれていました。

「アニマル（動物、哺乳類）」の語源はラテン語の「アニマ」で、「魂」「呼吸」を意味します。そこには動物の営みに大自然の魂が息づいているという含みがありました。

古い文献をひも解くと、動物が神格化されてきたことが分かります。インドの神々はことごとく動物に乗っており、文字どおり、動物は足代わりでした。頭象の神ガネーシャは巨大なネズミに、至高神シヴァは聖牛ナンディにまたがっています。また、動物は天上界の使者として神々の個性や地上界

との関連性を体現しているとされました。「神は動物に宿る」という信仰のもと、すべての雄牛はシヴァの聖獣であり、シヴァの化身と考えられたのです。

中世の動物寓話はこの世の現象と動物を関連づけようとしました。寓話の中で動物は人間に与えられた試練として登場し、たいてい4つのエレメント（元素）に分類されます。水生動物と両生類は水、爬虫類は土、鳥類は風、哺乳類（恒温動物）は火のエレメントです。

こうした寓話や教典の類は各動物に一定の役割を与えようとしましたが、文脈によって解釈にズレが生じました。動物のもつ象徴的な意味合いは自然界、人間界、天上界、精霊界において異なり、その全部が入り混じっている場合がたくさんあります。

動物の言葉を解釈するときは、その点を忘れてはいけません。簡単に結論が出ることは、万に一つもないからです。どの動物も自分だけに向けて具体的に、抽象的にメッセージを送ってきます。まずはトーテムアニマルの生態について正しい知識を得て、そのうえで、トーテムアニマルの象徴性を探ることにしましょう。

どちらのほうが大切というわけではありませんが、知識を「基礎固め」とするなら、解釈はトーテムアニマルや自然界とのつながりに「色を添える」ことです。トーテムアニマルを研究するときは、その種ならではの生態、特徴、習性をつかみ、自分の身に照らして検証することが大切。そうすることで、トーテムからのメッセージは自分の現状を反映したものになるでしょう。

トーテムアニマルとの信頼関係を築くには

トーテムとの信頼関係が確立すると、コミュニケーションがスムーズになり、トーテムのメッセージを正確に解釈できます。天上界と自然界とのつながりがはっきりと見え、生き物全般を敬う気持ちが大きくなるはずです。

自分のトーテムが分かると、精霊界とも交信できます。精霊のパワーを授かることで異次元の世界とつながりつつ、地に足をつけていられます。

トーテムとして現れた動物は夢や瞑想の中にも頻繁に登場するでしょう。なにかと目にする機会が増えるのは、その動物が間違いなくトーテムだからです。その動物をテーマにした写真、絵はがき、骨董品、書籍、神話などに接することも多くなります。そのすべてをコレクションする必要はありませんが、いちいち目に留め、手に取ってみることで、トーテムに宿る精霊のパワーを授かることができます。

トーテムや大自然と確かな関係を築くために、次の5つを実践してみましょう。トーテムに対して感謝の念が生まれるはずです。

1. トーテムについて、できるかぎり詳しく研究。 関連書籍を読む、生態、習性、特徴などの基礎知識を学ぶ、その動物にまつわる神話や伝承を調べる——こうした作業をとおして初めて、その動物がトーテムとして自分の生き方にどう影響するのか理解できます。

トーテムが自分の好きな動物とはかぎりません。獰猛だったり、グロテスクだったりして苦手に思うこともあるでしょう。その場合は図書館に行って、その動物をテーマにした児童書や絵本を探してください。子供向けに書かれた本は子供が（そして大人も）怖がりそうな動物をユーモラスに描いています。そうした本を一読すれば、トーテムアニマルに対するイメージが変わるかもしれませんし、その動物ならではの魅力も分かるでしょう。

2．トーテムアニマルをモチーフにした絵やイラストでコラージュを作る。自分の写真を中央に置き、その周辺にトーテムアニマルの切り抜きを貼っていきます。完成したら、トーテムアニマルをいつも身近に感じることができるように、目につく場所に飾ります。

3．トーテムアニマルの絵やスケッチを描く。出来栄えは気にしないこと。他人の作品と比べても意味はありません。人に見せるものではないからです。トーテムとはマンツーマンの関係であることを忘れないでください。絵もイラストも練習を積むうちに、自分でも驚くほど正確に描けるようになります。

電話中に落書きをする人は、そのついでにトーテムアニマルを描くようにします。落書きなら、人に批判される心配もないでしょう。創作活動は右脳を刺激するので、トーテムに宿る精霊をイメージするのにも役立ちます。

4．トーテムアニマルをモチーフにしたグッズを買う。小さな物でも安価な物でもかまいません。書店に行くと、動物のイラストや写真の付いたしおりが売られています。それを自分用とプレゼント用として、まとめ買いするといいでしょう。

動物の絵柄がついたグッズ（しおりなど）はプレゼントとしても喜ばれます。家族や友人に自分のトーテムアニマルが付いた品を贈れば、その動物のＰＲになりますし、トーテムアニマルのパワーをおすそ分けできます。選んだ理由を言う必要はありません。トーテムアニマルについてうんちくを傾けることも不要。ただ「自分の好きな動物だから選びました」と説明すれば充分です。

5．野生動物やトーテムアニマルの保護に努めている団体、基金に匿名で寄付をする。

匿名にすれば、自己宣伝のためではなく、先方に敬意を表して寄付したことが伝わるはずです。

自然公園やネイチャーセンターでボランティア活動に参加するのも一案。慢性的に人手の足りないところが多いので歓迎してもらえるでしょう。野生動物とじかに接する機会はないかもしれませんが、動物の生息環境を保護することに貢献できます。どれほど地味な仕事でも、尊い仕事には変わりありません。

私自身はオハイオ州トロイのブルックナー・ネイチャーセンターで、ボランティアとしてさまざまな仕事を担当しています。木曜日の午前中はゲージの掃除とえさやりです。この仕事は手間がかかるうえに、動物の排泄物や汚物を扱うのでけっして華々しいとは言えません。とくに春先は出産ラッシュに加えて、親のいない幼獣が続々とセンターにやって来るので、大変です。反抗的な野生動物を相手にするときもあります。それでもボランティアを続けていると、いろいろな動物に接することができますし、センターの職員たちに保護動物のリハビリやしつけなどの本業に専念してもらえます。やりがいはかならずあるのです。

どんな形であれ、自然を守り育むことはトーテムを守り、トーテムとの信頼関係を育むことにつながります。自然界の住民はみな、どこかでつながっていますが、それをつねに意識できるとはかぎりません。しかし、自然の一部を守り育むことで、そこに宿る精霊も私たちを守り育んでくれます。人間も自然の一員だからです。

トーテムの自慢話は控えましょう。それを聞いた相手がトーテムの存在価値を否定したりすると、トーテムとの関係にひびが入りかねません。「沈黙は金」と心得ましょう。トーテムアニマルを自慢のタネにしたとたん、トーテムとしてのパワーが弱くなり、真価を発揮できなくなってしまいます。ただし、興味のある動物、好きな動物として話題にするぶんには問題ありません。理由を聞かれたら、「その動物の躍動感や個性が好きだから」と答えておけばいいのです。トーテムとの関係はあくまでもマンツーマン。もちろん、同じ動物をトーテムに持つ人は数多くいますが、トーテムとの相性には個人差があります。その相性に優劣はありません。単純に「人によって違う」というだけです。

トーテムとの出会いに感謝し、トーテムが打ち解けてくれるのを辛抱強く待ちましょう。最初は適度な距離を保ち、自分を知ってもらう努力をすること。トーテムが心を開き始めると、関係性が変わってきますが、あわてる必要はありません。そのつど柔軟に対応し、トーテムに敬意を持って接してください。また、トーテムをとおして自分を導いてくれる精霊にも感謝することが大切です。

哺乳類のトーテムアニマルのチェックポイント

トーテムアニマルを研究するなら、今までとは違うスタンスで動物と関わることが必要です。そのうち動物に親近感が沸いてきて、もはや自然は「観察の対象」ではすまなくなるでしょう。自分もその一部であることを実感し、一体感が芽生えます。

トーテムアニマルの生態や象徴性は本を読めば分かります。しかし、信頼関係を築くとなると、その動物に学び、学んだことを活用するしかありません。そうなると、自然環境や動物保護の問題に無関心ではいられなくなるはずです。すべての生き物に対して愛情と、思いやりが芽生え、動物の気持ちが分かるようになります。それが自然軽視の風潮に歯止めをかける一歩になるでしょう。

哺乳類のトーテムをリサーチするときは、鳥類の場合と同じで、最初に次のような基本項目を確認します。

- ●体色
- ●体格
- ●体形
- ●行動パターン
- ●原産地とその方位

●よく見かける時間帯
●巣の特徴
●鳴き方
●好物
●天敵
●季節ごとの変化
●繁殖期
●環境適応力、生存能力

最大の特徴は何か

次に、その動物の最大の特徴を探します。かぎ爪、体格、鋭い歯、知能レベルなどに注目し、ほかの特徴についても調べましょう。いちばん目立つ特徴は、いちばん重要な特徴でもあります。

例えば、ある哺乳動物の角《つの》または枝角に真っ先に目を引かれたとしましょう。一般的に角は強さと権威の象徴です。角は一生伸び続け、枝角は毎年生え変わりますが、どちらも「天上界まで伸びるアンテナ」と解釈できます。一部の哺乳類にとって角はトレードマークであり、年齢や成熟度の表れ。また、一角は男性と太陽を、二角は女性と月を象徴します。

本書の中で全哺乳動物を取り上げるのはとうてい不可能です。次に紹介する哺乳類はおもに北米産ですが、ほかの地域の原産種も含まれます。自分の国を離れたことがなくても、他国の動物がトーテムという可能性は充分にあります。その場合は前世でその動物と縁があったのかもしれません。私たちはひとつの国の住人ではなく、ひとつの地球の住人であることを肝に銘じてください。とくにグローバル化が進む昨今では一人ひとりの活動が地球全体に影響します。どの国でも国際化が進んでいますが、トーテムの世界も同様です。

哺乳類のトーテムを研究するには全種に共通する特徴をおさえる必要があります。哺乳動物は人間にもっとも近く、肺呼吸と胎生が特徴。哺乳類である以上、卵から生まれることはありません。母乳が出るのも、授乳をするのも哺乳類だけです。体毛や被毛があるのも哺乳類ならではの特徴。そして、どの種も恒温動物です。

全世界に現存する哺乳動物は４３００種以上とされます。野生もいれば、都市部に暮らすものもいます。種別の特徴を調べれば、トーテムとしての役割がより細かく分かるでしょう。

トーテムアニマルの生息環境にも注意してください。都会に生きる動物は人工的な環境や人間にどう対応しているのか。大自然のなかで生き残るには、どのような知恵と能力を使っているのか。動物にはみな存在価値があることを忘れないでください。トーテムとしての優劣はまったくありません。どの動物にも自然界での役目があります。それぞれが神秘のパワーを宿し、トーテムとしても、地球の一員としても欠くことができません。

次章のトーテム事典は参考と考えてください。これを読んだだけでトーテムを理解した気になってはいけませんし、トーテムの研究を終わらせてもいけません。次章の解説はあくまでも一般論です。

あなた自身の解釈とは異なるかもしれませんが、問題はありません。トーテムへのアプローチが人によって違うのは当然です。トーテムと独自の関係を築いていきましょう。そうして初めてトーテムのパワーと教えを自分の人生に生かすことができます。

哺乳類

アザラシ、アシカ……171
アライグマ……174
イタチ……178
イヌ……181
イルカ……183
（野）ウサギ……185
ウシ……188
ウマ……190
オオカミ……192
カワウソ……196
キツネ……199
キリン……205
クジラ……208
クマ……211
コウモリ……215
サイ……219
シカ……221
シロイワヤギ……224
スカンク……227
ゾウ……231
トラ……234
ネコ……236
ネズミ……238
ビーバー……240
（オオツノ）ヒツジ……242
ヒョウ……245
プレーリードッグ……251
ライオン……254
リス……256
ロバ……258

アザラシ、アシカ

キーワード：インスピレーション、創造力、明晰夢
パワーのピーク：通年

アザラシとアシカは私たちを楽しませ、魅了します。両者は見た目は似ていますが、違う動物です。どちらもひれ足類に属し、共通する特徴は多いのですが、混同してはいけません。アザラシもアシカも陸に上がりますが、アザラシのほうが水は得意です。アシカは完全な水生動物ではなく、陸上にいるときはアザラシよりもはるかに活動的。それはアシカの尾びれと首が、アザラシのそれに比べて、よく動くからです。水族館などの動物ショーで「アザラシ」と紹介される動物がじつはアシカということもあります。

しかし、アザラシのほうが種類は豊富です。最大種のゾウアザラシは大きな体格と垂れた鼻からその名が付きました。ゼニガタアザラシは分布域がもっとも広いアザラシです。アザラシもアシカも陸に上がって出産する点は同じ。アザラシやアシカがトーテムとして現れたら、種類を特定して特徴を研究してください。トーテムとしての役割がより具体的に分かるでしょう。

両者の大きな違いは耳にあります。アザラシは外耳がなく、小さな孔が開いているだけですが、アシカには外耳があります。アシカの外耳は小さいけれども、大きな象徴性があります。耳は聴覚とバランス感覚を司る器官。それが何を意味するのか考えてみてください。

アザラシやアシカがトーテムとして現れたら、こう自問してみましょう——自分はバランスを失っていないか。夢を見るばかりで、地に足が着いていないのではないか。聞かなくてもいい話に耳を傾けて、聞くべき話を聞いていないのでは？　自分ではなく他人の意見をうのみにしていないか。

アザラシもアシカも水に縁があり、水中や水辺で多くの時間を過ごします。水は創造を意味し、母性、感情、想像、夢想のシンボルです。アザラシやアシカをトーテムに持つ人は夢が鮮明に、具体的になっていくのを感じるでしょう。果てしなく思える夢が正夢になる可能性が高いのです。

つねにノートを持ち歩き、頭に浮かんだことを書きとめましょう。今後はインスピレーションが冴え、次々とアイデアがひらめくはずです。アザラシやアシカはアイデアを膨らませ、形にする方法を教えてくれます。両トーテムは日常という現実に刺激を与え、なおかつ現実を見失うことのないように導いてくれるはずです。

アザラシもアシカも陸に上がって休憩し、求愛行動をします。出産するのも陸上です。その習性はじつに象徴的で、創造の舞台が内から外に移ることを意味します。アザラシやアシカをトーテムに持つ人は自分の豊かな創造力、発想力を自覚するべきでしょう。力を発散し、発揮する場も必要になるはずです。

創作意欲を刺激するアザラシやアシカは、言い伝えの中の精霊に通じます。ある民話によれば、シェトランド諸島とアイルランドにはハイイロアザラシの姿をした水霊が住んでいたといいます。水霊たちは夜ごと浜辺に上がり、アザラシの皮を脱ぎ捨て、月明かりの下で散歩やダンスを楽しみました。女性の水霊は妖艶な美女、男性の水霊はダンディな色男だったとか。子供を望む人間の女性が海に7粒の涙を落とすと、海の中からオスのハイイロアザラシが現れたそうです。

アザラシやアシカから得られるインスピレーションは尽きることがありません。夢やイメージを鼓舞し、実現するように導いてくれます。両トーテムのパワーは想像の世界と現実の世界をバランスよくつなぎ、どちらの世界にも活気と成果をもたらします。

アライグマ

キーワード：変装の達人
パワーのピーク：春、夏、夜間

アライグマは興味深い動物です。アライグマをトーテムに持つ人は遠縁のクマについてもリサーチするといいでしょう。アライグマは環境適応力が高く、本来の生息地を追われても、市街地で生きていくことができます。

「アライグマ」（ラクーン）という名はアルゴンキン語の「手をこする者」に由来すると言われます。アライグマはじつに手先が器用で、フタ、門扉、ドアなどを開けるのが得意。そのため泥棒呼ばわりされたりしますが、本当に神出鬼没です。名うての泥棒や空き巣がアライグマのトーテムに（悪い意味で）学んでいるとしても不思議はありません。

アライグマは水辺を好みます。手やエサを水ですすぐのも好き。そんな習性から、どんなものでも洗ってから食べると言われますが、実際は手先の感覚を敏感にするために水に触れているようです。

アライグマは好き嫌いがほとんどない雑食性。小動物を捕まえることもありますが、主食は野菜と果物です。アライグマをトーテムに持つ人はこの点に注目しましょう。

アライグマは好奇心が強いだけに、あらぬ場所に入り込んでしまうことがあります。アライグマは探検好き。夜間に徘徊するのも探検のうちかもしれません。アライグマは初めて見るものに興味津々で、興味の対象を物色します。

アライグマのユニークな特徴はマスク（仮面）を思わせる顔立ちです。泥棒根性の表れという説もありますが、ここにアライグマならではの象徴性があります。仮面は古今東西の儀式、祝い事、魔術の実演に使われてきました。仮面の制作は世界的な伝統工芸です。

仮面の下では別人になれます。仮面をつければ、望みどおりの自分に変われます。仮面は神秘的な変装道具。素顔を隠し、正体を秘めることで変装の完成度が高くなります。仮面は変身願望をかなえてくれる魔法のツールと言えるでしょう。

アライグマと同じく、仮面は見方によって印象が変わり、さまざまに解釈できます。仮面をつけると自分に対するイメージが変わります。特別なパワーを授かった気分です。目の前にも、心の中にも新しい扉が現れ、未知の世界や新しい自分に出会える気がします。

それがアライグマのマジックです。アライグマは変装と秘匿のプロ。目的に合わせて顔を使い分けます。トーテムとは一対一の関係を築くことが鉄則ですが、アライグマのトーテムは万人に変装の達人になるすべを伝授してくれます。どの仮面をつければいいのか、どんな顔を見せたらいいのかアドバイスしてくれるでしょう。アライグマのトーテムは仮面のつけ方を心得ています。

私は講習会やセミナーに出かけるとき、かならず動物の姿を探すことにしています。講義のテーマに合うパワーをもった動物が現れてくれることを願いながら、会場に向かうのです。仮面の作り方を教えるために出かけた日は、目新しい動物を見かけることがなかったので、少し意外に思いました。というのも、初めての会場に向かうときは初めて見る動物と遭遇することが多いからです。

その日の講義を無事にすませ、私は車で帰途に着きました。その道中、ヘッドライトが動物の目をとらえました。犬かネコが車道に出て来たのだと思い、スピードを落として目を凝らしてみると、路肩に座っていたのはアライグマ。アイマスクをつけたような瞳でじっとこちらを見ていました。私は減速しながら、アライグマの横に停車しました。それでもアライグマはまんじりともせず、ひたすら私を見つめているのです。鳥肌が立ちました。私はアライグマに会釈し、今日の講義がうまく行ったことに感謝しました。そのとき初めて、アライグマのパワーのおかげで講習会が成功したことを実感できたのです。それ以来、仮面の講習会に招かれるたびに、その往路か復路でアライグマと遭遇するようになりました。いつも力を貸してくれるアライグマには感謝しています。

アライグマの知恵は儀式にかぎらず、日常の場面にも応用できます。もっと大きな成功を手に入れるには、今までとは違う顔を世間に向けるべきではないか。自分は素顔を隠していないか。周囲の人はどうか。アライグマのトーテムならヒントを与えてくれるでしょう。

アライグマは冬眠しませんが、冬場は体内の脂肪を消費しながら深い眠りに入ります。それは自分の一面を眠らせ、別の一面を覚醒させる行為とも解釈できます。これもアライグマのトーテムの教えです。面を巧みに使い分けることで、気分や意識を変えるように促しています。

アライグマは怖いもの知らずで、なかには獰猛なのもいます。私がボランティアをしているブルックナー・ネイチャーセンターには、毎年春から初夏にかけてアライグマの子が保護されてきます。その子たちの世話をしていると、あまりのやんちゃぶりに驚くばかり。大きくなるにつれて凶暴性も増します。野生のアライグマは機敏で、敵をかく乱するのが得意。自分の身を守ることにかけてはプロです。

アライグマは木の洞《ほら》に好んで巣を作ります。出産は年に1～2回で、一度に2～7頭産みます。子は生後20週目くらいで独り立ちしますが、社交的な性格なので、単独行動することはめったにありません。野生動物としては長生きで、平均寿命は10年くらいです。

アライグマをトーテムに持つと、その影響は長くおよびます。人に知られずに自分を変えたいときは20週を一区切りとして計画を立てましょう。大々的なプランがあるなら、さらに長い周期で考えてください。

イタチ

キーワード：洞察力、情報の探知と追跡
パワーのピーク：夜間

イタチが属するイタチ科にはスカンク、アナグマ、ペーカン、ミンク、カワウソ、テン、クズリなどがいます。いずれも胴長で短足で丸く小さな耳が特徴的。イタチ科の動物は麝香《じゃこう》のにおいを放ち、たいてい地中に巣を作ります。程度の差はありますが一様に肉食です。

なかでもイタチはほぼ完全な肉食性で、ネズミなどの害獣を捕食します。野生のイタチは「自然界にあるもの」しか口にしません。イタチをトーテムに持つ人はこの習性を健康管理に役立てましょう。イタチは大食漢です。体重の3分の1から2分の1に相当する量を毎日摂取します。エネルギーの消費が激しいので、少量ずつ分食します。イタチをトーテムに持つ人も見習うといいでしょう。イタチは1日分の食糧を完全に確保するまで、捕った獲物に口をつけようとしません。獲物を仕留めたら、まずは巣に持ち帰ってストックします。

イタチは追跡のプロ。嗅覚に優れ、獲物のにおいを嗅ぎつけた瞬間から追跡を開始します。長くスリムな身体のおかげで、隙間に逃げ込んだネズミを捕らえることができます。イタチには狭い空間に出入りできる特技があります。イタチのトーテムに学べば、窮屈な環境を脱し、普通の人が立ち入ることのできない領域に入り込むことができるでしょう。

イタチは悠々自適に暮らし、群れを作らず、じつに物静か。イタチをトーテムに持つ人も一匹狼の傾向がありますが、人の本音を引き出すのが得意です。寡黙なので自分の存在を消すことができます。だから周囲の人はイタチをトーテムに持つ人の前でうっかり本音をもらし、素顔をさらします。無言の観察によって秘密や建前を看破する――イタチのトーテムはその極意を教えてくれるでしょう。

アメリカ先住民は、イタチには読心術ができると信じてきました。イタチがトーテムとして現れたら、自分のカンを信じて付き合う人を吟味しましょう。そうすれば、結果として孤立することになったとしても後悔はないはず。それもイタチのトーテムの教えです。

イタチの仲間ほど攻撃的な哺乳類はいません。母親は子を守るためなら、相手が人間でも向かってきます。

イタチはいったん相手の首に噛み付くと、脊髄を噛み切るか失血死させるまで食いついてきます。イタチをトーテムに持つ人は自分を威嚇し、バカにする相手の急所を突くのがうまいのです。反撃モードに入ると、とどめを刺すまで容赦しません。繰り返しますが、イタチは肉食動物。イタチをトーテムに持つ人もキレたら最後、徹底的に逆襲します。武器は言葉です。激しい「口撃」で相手の心をえぐり、深い傷跡を残します。イタチは狩りのときこそ寡黙ですが、さまざまな鳴き声を立てます。イタチをトーテムに持つ人をあなどってはいけません。おとなしいと思って甘く見ると、痛い目に遭うでしょう。

イタチがトーテムとして現れたら、こう自問しましょう――もっと注意深く周囲を観察する必要があるのではないか。口先ばかりで実行が伴わないのでは？　目標を口に出したら、達成が遠のいたことはないか。物事を深く掘り下げて考えているか。通らなくてはいけない「狭き門」はあるか。自分も周囲も正直に生きているか。自分の目は節穴ではないか。自分のカンを信じていないのでは？　人の意見に翻弄されていないか。

イタチのトーテムに学ぶと、観察力や洞察力が目を覚まします。それによってトラブルを回避したり、未然に防いだりできます。また、小さな目標も大きなゴールも確実にクリアできるでしょう。

イヌ

キーワード：忠誠心、守護
パワーのピーク：通年

イヌはイヌ科の家畜です。イヌの祖先にあたるコヨーテやオオカミについてもリサーチしてみましょう。イヌは人間の良きパートナーであり、忠誠心が高い動物。その個性は犬種ごと、一頭ごとに違います。昔のイヌは犬種によって役割と仕事を与えられました。イヌの系譜をたどると、トーテムとしての役目も具体的に分かるでしょう。

犬種が異なれば、象徴的な意味合いも異なります。牧畜犬に属するイヌは家畜の群れを守り、誘導する役割をになっていました。猟犬として飼育された犬種もいます。犬の資質は千差万別。水遊びが好きなイヌもいれば、運動量の必要なイヌもいます。雑種のなかには各種の特徴を兼ね備えたものがいて、私たち人間も一人ひとりがユニークな存在であることを知らしめています。

犬種別、個体別の特徴をリサーチしましょう。トーテムとしての役割を知るうえで参考になるはずです。個々の性格も研究してみるとおもしろいと思います。ふだんの行動パターンはどうか、そこにはどのようなメッセージが込められているのか。私も4頭飼っていますが、それぞれに個性があり、一頭一頭の振る舞いは私に宛てたメッセージだと思っています。例えば、普段はマイペースなシャイアンというイヌが「遊んでほしい」と甘えてくることがあります。そういうときは私自身が息抜きを必要としているときが多いのです。ペットは飼い主に多くのメッセージを伝えてきます。

アメリカ先住民はイヌを用心棒にしてきましたが、ほかの社会ではシンボリックな存在です。初期のキリスト教では牧羊犬をはじめとするイヌは守護の象徴、古代エジプトでは死者に寄り添う墓守とされました。犬は子育てに熱心なことから、伝統的に母性のシンボルです。

犬に心変わりをさせるのは至難の業でしょう。たとえ虐げられても、主人に対する愛情は深く、変わることがありません。その一途な愛と忠義には脱帽です。

目の前の犬をじっくり観察してみましょう。私たちが思う以上に多くのことを伝えているはずです。イヌがトーテムとして現れたときは、こう自問してみましょう——人間関係は充実しているか。良きパートナーはいるか。人に誠意を尽くしているか。周囲の人たちはどうか。無償の愛情を注ぐ相手、注いでくれる相手はいるか。自分のテリトリーを本気で守ろうとしているか。日常に遊びが足りないのでは？　自分自身に忠実か。軸がブレていないか。

自分の陣地やテリトリーを見渡してください。イヌは縄張りをわきまえています。イヌがトーテムになったあかつきには、そのパワーとメッセージが心に響くでしょう。

イルカ

キーワード：呼吸と音のパワー
パワーのピーク：通年

イルカは海の哺乳類。イルカとクジラは魚と思われがちですが、そうではありません。哺乳類ならではの特徴をほぼ完全に備えています。イルカの仲間の最大種はシャチで忍耐強さの象徴です。イルカが海に生息することには大きな意味があります。この最古の水源から生命が誕生したことを説く神話はたくさんあります。水は創造、情熱、性のシンボルであり、生物の営みに欠かせません。水は異次元や異界の象徴でもあります。

イルカは未知の世界への扉を開いてくれます。水のほかに呼吸も命の営みに欠かせません。呼吸の仕方によって意識の状態を変え、異次元の世界を体験することもできます。正しい呼吸法を学べば、意欲や性欲をコントロールしたり、心身を癒したりできます。ためしに、緊張やストレスを感じたときはイルカの呼吸を真似てみましょう。イルカは勢いよく水を吹き上げながら水面に浮かんできます。呼吸器官にトラブルがある人はイルカの呼吸にならうことで症状が改善するかもしれません。

イルカは一定のリズムで息をつぎ、泳ぎます。イルカの習性には学ぶところがたくさんあります。イルカのトーテムと「息を合わせる」ことができれば、地球が海に覆われていた時代にさかのぼることも可能。イルカに導かれて、当時の地底洞窟や自分自身の起源をかいま見ることができるかもしれません。

イルカは超音波による探知機能を備えています。カチッという音を鳴らし、その反響をとらえて水中の障害物を感知します。音、呼吸、水は生存に必要な資源です。音は命のあかし。すべての命は子宮という無音の空間から、音を立てて生まれます。内に宿した声を外の世界に響かせよう――イルカは私たちにそう告げているのです。

人生という大海で思いのたけを声にし、とどろかせる方法をイルカは身をもって示しています。自分の思いを伝えるには正しい呼吸と発声が大切。やり方を間違えれば、祈りは届かず、主張はかすんでしまいますが、イルカは正しい方法を伝授してくれます。

初期のキリスト教徒はイルカを救世主と見なしました。古代ギリシャでは神の使い、海の聖獣として崇拝されていたので、捕獲されることはめったにありませんでした。イルカが仲間に尽くす姿はよく見受けられます。イルカは脳が大きく、知的レベルが高い動物です。天敵になり得る人間に対しては警戒するどころか、よくなつき、興味を示します。

イルカがトーテムとして現れたら、我が身を振り返ってみましょう――自分の言葉やアイデアは何かを生み出しているか。外気に触れているか。緊張やストレスを発散できているか。周囲の人はどうだろう？　イルカを身近に感じるのは新鮮な空気が不足している証拠かもしれません。外に出て、羽根を伸ばし、探検しましょう。そして何よりも一息つくことです。

（野）ウサギ

キーワード： 豊穣、新しい人生
パワーのピーク： 通年

ウサギの象徴性は矛盾を含んでいます。ウサギは神話にも民話にも登場しますが、古今東西で解釈が異なるのです。ギリシャ神話では女神へカテーに関連づけられ、エジプトの象形文字では「存在」を意味します。古代へブライ人にとっては「汚れたもの」（甲命記より）、北米先住民のアルゴンキン族にとっては創造神でした。

中国では十二支のひとつであり、縁起物です。月に住む動物とされることから、ウサギ年生まれは月のパワーを宿し、繊細で芸事に秀でるといいます。中国人にとって野ウサギは向上心、品格、美徳のシンボルです。

ウサギの特徴は繁殖力、俊足、跳躍力。ウサギはしょっちゅう跳びはねています。ウサギをトーテムに持つと、飛躍的な成長や進歩が望めるでしょう。ウサギの身体能力には重要な意味があります。

ウサギをよく見かけるのは藪の中や草地です。昼夜を問わず活動的なウサギですが、とくに明け方と夕方に姿を見せることが多いようです。どちらの時間帯も精霊界に縁があるため、ウサギは昔からおとぎの国への案内役として描かれてきました。その代表がルイス・キャロルの名作『不思議の国のアリス』です。アリスは白ウサギに導かれ、不思議の国を探検します。

ウサギとネズミはもっとも捕食されやすい動物ですが、その代わりにすさまじい繁殖力を授かりました。ウサギの場合は年に3～5回出産し、一度に平均3～6匹の子を産みます。それゆえにウサギは性欲と豊穣の象徴です。

母ウサギが授乳するのは朝と晩だけ。あとは巣を離れ、自分のエサを探して過ごします。それは天敵の注意を巣からそらし、子を守るためです。それなのに、母ウサギが育児放棄をしたと勘違いして子ウサギを保護してしまう人がいます。

ウサギは生後28日で独り立ちします。巣穴にはとどまりますが、自分でエサを探すようになるのです。28日は月の(公転)周期と重なります。ここにもウサギと月の接点が見て取れます。ウサギをトーテムに持つと、28日周期で物事が動くようになるでしょう。それも一歩ずつ進むのではなく、ウサギが跳ねるかのごとく一気に進展するはずです。

ウサギは臆病に思われがちですが、それは身を守るすべを知っているから。ウサギをトーテムに持つ人はその知恵を学んでください。ウサギは隠れ場所や休養場所として穴を掘ることがあります。地面を浅く掘り進め、穴の前後に出入り口をつくります。いつでも逃げ出せるように用心しているのです。ウサギをトーテムに持つ人はあらゆるリスクに備えましょう。ウサギがトーテムとして現れたのは計画の立て方や進め方に問題があるか、計画が行き詰まることを知らせるためかもしれません。ウサギはなりを潜めるのが得意です。ピクリともせず、その場にじっとしていられます。下手に動けば、捕食者に感づかれてしまうからです。私たちも駆け引きの最中は自分の動きを相手に悟られないように気をつけるべきでしょう。

ウサギは身をかわすのもうまく、走りながらすばやく方向転換します。いざというときの逃げ足は驚くほど速く、静止状態から急発進します。ウサギをトーテムに持つ人はこの瞬発力を見習ってください。それが成功のカギとなり、一瞬で好機をつかめるに違いありません。

ウサギはベジタリアンです。ウサギをトーテムに持つ人は食事の内容を見直しましょう。健康のために、短期間だけでも野菜中心の食生活に切り替えるといいかもしれません。

ウサギのトーテムは身の周りのさまざまな予兆に気づかせてくれます。ウサギに習って月の周期にシンクロし、時の潮目を読むことができれば、人生はさらに充実するはずです。

ウシ

キーワード：豊穣
パワーのピーク：通年

ウシは太古の昔から豊穣のシンボルです。牝牛は母性と滋養の代名詞で、血を流す（屠殺《とさつ》される）ことなく牛乳を供給します。一方の雄牛は殺されて初めて食肉を供給するため、自己犠牲のすえの豊穣を意味します。

牝牛は月の化身とされ、一部の神話には牝牛の角が付いた女神が登場します。一方の雄牛は太陽のシンボル。インドのシヴァ神は聖牛に乗っています。

ウシを神格化する風潮はエジプトとギリシャにもありました。エジプトの幽界の王オシリスは人身牛頭の神として描かれています。ローマ神話、ギリシャ神話にもウシにまつわる伝説がいくつか登場します。いちばん有名なのが人身牛頭の怪物ミーノータウロスの物語。ウシをトーテムに持つ人はウシにちなんだ神話や民話を研究すると、自分の前世が分かるかもしれません。

雄牛は、言うまでもなく、占星術のおうし座のモチーフです。おうし座は土の宮に属し、所有を意味し、現世や地上界を豊かにする星とされます。ウシをトーテムに持つ人はおうし座についても研究するといいでしょう。

雄牛は男性性を象徴すると同時に、地球の豊穣（受胎）をも表します。地球は伝統的な占星術によると「女性宮」ですから、雄牛のなかに男女両性が同居しているわけです。雄牛は月（女性性）に見立てられることもあれば、太陽（男性性）に例えられることもあり、三日月形の角は女性らしさを連想させます。雄と雌が交わるところには豊穣が期待できます。

雄牛がトーテムとして現れたら、我が身を振り返ってください——自分は生産力を発揮しているか。新しい種をまく時期ではないか。守りに入ってしまったのでは？　自分も周囲の人も柔軟性に欠けていないか。物事が自然に成就するのを待つべきなのに、焦っていないか。自分も周囲も不安に駆られているのでは？

実り豊かな人生を実現するには、どのような努力が必要なのか。守りに入ることなく安定を得るにはどうすればいいのか。ウシのトーテムはそんな問いにヒントを与えてくれます。ウシに学べば、女性的なパワーを武器にして大きな成果を上げられるでしょう。

ウマ

キーワード：旅立ち、力強さ、自由
パワーのピーク：通年

ウマにまつわる伝承には事欠きません。それだけで本が一冊書けるほどです。文明の発展にこれほど貢献した動物はいないでしょう。

ウマは生死の儀式に関連づけられてきました。神話の登場人物はウマに乗って現世を去来します。北欧神話の軍神オーディンは8脚の軍馬にまたがり、ヒンズー教の太陽神スーリヤやギリシャ神話の太陽神アポロは雄馬が牽引する戦車に乗っています。

中国の十二支における午《うま》は訴求力や説得力の象徴で、とくに手綱のついていないウマは自由を表すとされます。午年生まれは気さくで冒険心があり、情に厚いとか。

ウマが家畜になる前の時代は民族間、国家間に大きな隔たりがあり、異文化の交流はほとんどありませんでした。ウマは移動、戦争、農耕など人間の大切な営みを支えてきました。現在では乗馬、競馬、農作業以外で重用されることは少なくなりましたが、ウマの影響力は相変わらず強大です。そうでなかったら、人間社会が国際化することもなかったでしょう。

ウマがいたからこそ、人々は地域社会を出て、外の世界に触れるようになりました。そのおかげで見聞を広めることができたのです。ウマは魅力あふれる動物です。ウマに乗ると、いつもの景色が

違って見え、新鮮な気分になります。乗馬を空を飛ぶことに例える詩人は昔からいますし、海風や波しぶきに見立てる詩人もいます。

ウマには神通力があるとされます。ウマの霊視力や霊能力者を見抜く目は数々の伝説に記されてきたとおりです。ウマは人間がもつ神秘を伝えてくれます。

ウマの象徴的な意味合いは広範囲に及びます。そのひとつが「変化と移動」です。ウマがトーテムとして現れるのは新しい活動を促すためかもしれません。また、ウマは欲望の、とくに性的欲求のシンボルとされました。種馬を手なずけることは性欲と劣情のコントロールを連想させます。

ほかの家畜や家禽と同様にウマにもさまざまな種類があり、種類によって得意分野が違います。競走馬、挽き馬に適したタイプもいます。ウマのトーテムを理解するには、種類を特定するのが先決。ウマはイヌと同じで特定の作業に従事するために飼育されてきました。家畜としての役割が分かれば、トーテムとしての役割も見えてくるでしょう。

ウマをトーテムに持つ人は次のことを考えてみましょう――ウマの種類と毛色は？　どんな印象のウマか。立ち止まることが多いか、走るのが得意なのか。そのウマに乗る自分をイメージできるか。ウマがトーテムとして現れたら、自分の行動範囲や守備範囲について反省してください。今の生活に閉塞感はないか。自分も周囲の人も新しいことを始める必要があるのでは？　自分を解放し、新天地を求める時期に来ているのではないか。自分の周囲を「文明化」することに貢献しているか。周りの人はどうだろう？　文明社会に感謝しているか。

ウマのトーテムは旅の供。行く先々で自由と活躍の場が待っていることを伝えているのです。

オオカミ

キーワード：守護、規律、忠誠心、魂
パワーのピーク：通年、新月、日没

野生動物のなかでオオカミほど誤解されてきた動物はいないでしょう。物語のなかのオオカミは凶暴で残忍なイメージがありますが、実際には健康なオオカミが人間を襲って殺したという事例はひとつもありません。オオカミの実像は、伝えられるイメージとはまるで違います。本来はフレンドリーで社交的で賢い動物です。家族を大切にし、ルールやしきたりを守って生きています。

オオカミは野生動物の代名詞。あまりにも見所が多いので、アメリカ先住民を始めとする民族はオオカミを神格化しました。オオカミを保護し、生息環境を守ってやれるかどうかによって、環境問題に対するその国の姿勢が分かるとも言われます。

よくある誤解はオオカミの体格です。オオカミは多くの人が思うほど大きくはありません。厚い被毛に覆われているので大きく見えますが、本当はジャーマン・シェパードの成犬くらいです。

オオカミの社会は、人間社会に似て、規律と秩序を重んじます。集団生活のルールは細かく決まっており、侵してはいけない聖域もあります。集団内では序列があり、それぞれが自分の立場と役割をわきまえています。オスとメスで、それぞれにリーダーがいます。

オオカミは無駄な争いをしません。むしろ争いごとを避けようとします。喧嘩にはめっぽう強いオ

オカミですが、ささいな対立が流血沙汰に発展することはほとんどありません。喧嘩になる前に視線や姿勢や声色で勝負がつくからです。実力行使は最後の手段――それがオオカミの教えです。身のほどをわきまえ、自信があれば、つねに力をひけらかす必要はないのです。

オオカミはコミュニケーション能力が高く、ボディランゲージを駆使します。首や尾の動き、アイコンタクトにもいちいち意味があります。姿勢を変えて意思を伝えることもあり、オオカミは幼いころからそのメッセージを理解し、反応することを学びます。表情豊かなオオカミは表情筋を使います。顔はボディランゲージにおいてもっとも重要なパーツ。また、尾の位置を変えて上手にメッセージを伝えます。オオカミをトーテムに持つ人は身振り手振りが大きいようです。コミュニケーションが苦手なら、オオカミの動作を観察し、研究するといいでしょう。ジェスチャーを交えると意思の伝達はスムーズにいきます。

オオカミは声を使う伝達能力も高く、うなる、吠える、泣くなど声色を巧みに使い分けます。トレードマークの遠吠えにもさまざまな意味を込めます。群れを呼ぶときと仲間の居所を確認するときとでは吠え方が異なります。オオカミにとって、遠吠えはコミュニケーションツール。あいさつの代わりや縄張りを主張するのに使います。遊び半分に遠吠えを響かせるときもあります。

どのオオカミもグループ内での自分の立場をわきまえています。序列を決める習性はオオカミの神秘のひとつ。オオカミの群れはリーダーが仕切りますが、完全な縦割り組織でもなければ、つねに民主制というわけでもありません。状況しだいで、どちらにでもなります。その柔軟性がオオカミ社会の特長であり、組織運営の手本です。権威主義と平等主義のバランスが取れています。オオカミに学べば、私たちの人生にも秩序と調和が生まれるでしょう。規律を守ってこそ真の自由が手に入ることをオオカミは教えています。

リーダー格のオスとメスはたいてい生涯の伴侶になります。冬場の後半に繁殖期を迎え、約２カ月後にメスは出産します。群れの全員がやんちゃな子たちに愛情を注ぎ、世話を焼きます。オオカミはじつに面倒見が良く、実の親が育てられないときは、ほかのメンバーが親代わりをします。ベビーシッターを買って出るものもいるようです。オオカミは子に優しく、気さくに接します。家族と子どもを大切にしなさいと私たちに伝えているかのようです。

オオカミは生後22～24カ月で大人の仲間入りを果たします。トーテムとして成熟するのにも、それくらいの日数がかかるでしょう。

オオカミは捕食者です。捕食の対象は病んだ動物、幼い動物、老いた動物。もっとも狙いやすいのがシカですが、健康なヘラジカの成獣を襲うのはエネルギーの無駄だと分かっています。オオカミは獲物を求めて遠征します。スタミナがあるので長距離を長時間にわたって移動できます。走る速さは最高で時速40キロ前後。その速度で走り続けるのは難しいですが、歩くぶんにはコンスタントに時速９キロは出るようです。冬場は凍った湖面や川面を歩き、一晩で15～25キロ移動します。

捕らえた獲物は残さず平らげるのがオオカミの流儀。オオカミをトーテムに持つ人は手持ちの資源を有効に活用するように心がけましょう。オオカミがトーテムとして現れるのは資源の無駄使いを戒めるためかもしれません。

オオカミは非常に知能が高く、トラブルや危険を回避しようとします。一説によると、オオカミはカラスを利用して獲物の居所を突き止めるとか。エスキモーの伝説に出てくるカラスはヘラジカと接点があります。オオカミはヘラジカを捕食しますから、カラスを仲介にすることは充分に考えられるでしょう。実際に、カラスがオオカミに接近する姿はしばしば見受けられます。オオカミの頭上を舞い、木にとまり、オオカミが通り過ぎるのを待って、再びあとを追います。オオカミ研究の第一人者デイビッド・メック博士によると、オオカミとカラスはじゃれ合うこともあるそうです。オオカミをトーテムに持つ人はカラスについてもリサーチしてみましょう。

オオカミは五感が発達しており、とくに鼻が利きます。その嗅覚は人間の100倍以上とも言われます。象徴学において、嗅覚は識別力や理想の追求を意味します。

オオカミは聴覚にも優れます。獲物を狩るときは鼻と耳が頼りです。オオカミをトーテムに持つ人は自分の内なる声に耳を傾けましょう。このトーテムを持つと、直感も鋭くなります。それはオオカミの首が厚い被毛で覆われていることからも分かります。被毛や体毛は霊的能力のバロメーター。二層になったオオカミの被毛は霊感の強さを反映しています。

オオカミは情に厚い動物です。オオカミのトーテムは直感を信じ、心の声に従うように促します。心の声に耳を傾ければ、自分の身をあらゆるリスクから守ることができるでしょう。オオカミの導きはときに厳しく、ときに優しく、いつも愛情にあふれています。オオカミを身近に感じたら、生き方を見直しましょう。新しい道、新しい目標を見つけ、自分の責任で人生を切り拓くのです。人生を築くのもリードするのも自分です。そして、規律と調和を大切にしてください。そうすれば、本物の自由が手に入るでしょう。

カワウソ

キーワード：喜び、遊び心、共有
パワーのピーク：春、夏

カワウソは見ていて飽きない動物です。陽気にたわむれる姿は私たちの想像をかき立てます。ラッコであれ、カナダカワウソであれ、カワウソの仲間は遊び心と好奇心にあふれています。

私はカナダのオンタリオ北部に滞在したとき、カヌーで川下りをしました。そのとき3メートルほど前方にカワウソが現れました。カワウソは川面からひょっこり顔を出し、「こんなに朝早くから自分の遊び場に来たのは誰だろう？」と言わんばかりの表情で、こちらをうかがっていました。いったんは水中に潜ったものの、今度は川面のあちらこちらから顔を出すのです。そのようすは、あらゆる角度から状況を観察しているようでした。しばらくすると、好奇心が満たされたのか、カワウソは再び水中に消え、日常生活に戻ったようです。

カワウソは見る者の童心を刺激し、何事も視点を変えればおもしろくなることを思い出させてくれます。遊び好きなカワウソは何をやっていても楽しそうです。

カワウソの巣はかならず水に接しています。夏場にカワウソが、とくにカナダカワウソが陸に上がることはほとんどありません。巣は水中から水辺にかけて広範囲に及びます。カワウソは巣に匂いづけ（マーキング）をすることが多いようです。

水と接点があるのは女性的なパワーと関わりが深いからでしょう。カワウソは創造、想像、母性愛、育児の喜びといったプラス面を体現しています。カワウソのトーテムは純真な心を生み、育てるように促します。人生は心の持ちようで楽しくなると教えているのです。カワウソがひとりでいる姿を見かけることはほとんどありません。仲間と一緒か、適当なオモチャを見つけて遊んでいるかのどちらかです。

カワウソには事実上、天敵がいません。カワウソは全身全霊をかけて子を守ります。水中では機敏に動き、魚顔負けの泳ぎを見せます。危険を察知すると、たいてい泳いで逃げますが、猛然と敵に立ち向かうこともあります。

母親は出産後、父親を巣から追い出してしまいます。ここにもカワウソの強い母性がうかがえます。子が単独で行動できるようになると、母親は再び父親を迎え入れます。子は一度に2～4頭生まれますが、生まれつき泳げるわけではありません。泳ぎを教えるのも母親の役目です。カワウソのトーテムは母親の自覚と責任感を促すために現れることがあります。カワウソをトーテムに持つ人は、家庭内での自分の立場と役割をはっきりさせる必要があるのかもしれません。

水遊びをするカワウソは軽業師か曲芸師のよう。腹ばいになって斜面を滑り下り、水に潜ったかと思うと、急に水中から飛び出してきます。水中では鼻と耳を閉じます。繰り返しますが、水は女性と創造のシンボルです。人生を存分に楽しむには、男も女も、女性的なパワーを発揮することが欠かせません。それは楽しそうに遊ぶカワウソが教えています。

カワウソを身近に感じるのは遊びが足りない証拠かもしれません。何でもいいので創作に取り組んでみましょう。下手の横好きでかまいません。楽しめれば充分です。あるいは、カワウソがトーテムとして現れたのは、遊びすぎを戒めるためかもしれません。最近の自分は浮ついていないか、羽根を伸ばすのが怖いのではないか、心に余裕はあるか、心配事はないか自問してください。

　童心に返る必要を感じたら自分に休暇をあげましょう。カワウソのトーテムに学べば、人生の楽しみ方が分かるだけではなく、好奇心や生きる喜びを取り戻すこともできるでしょう。

キツネ

キーワード： 女性特有の妖術、変幻自在
パワーのピーク： 夜間、明け方、夕方

地球上にキツネのトーテムが存在しない地域は、ほとんどありません。キツネは姿を変える、消す、くらますといった技術を教えてくれます。キツネは動物界で一、二を争う芸達者。キツネをトーテムに持つと、その芸を学べるでしょう。

現存するキツネは21種とされます。ほぼ全世界に分布し、あらゆる気候帯に適応します。沿岸部、山あい、砂漠、北極圏で目撃され、北米、南米、ヨーロッパ、アジア、オーストラリアに生息。21種のキツネが世界各地で確認されているところに重要な意味があります。

タロットカードの21番目は「世界」です。このカードは新世界の出現や創世を意味すると同時に、現世が変容し、進化を遂げ、前向きに変わっていくことを示唆します。キツネをトーテムに持つ人はこのカードのメッセージを研究してみましょう。トーテムとしてのキツネが自分の創造力をどうサポートしてくれるのか、自分の世界で何が変わりつつあるのか（変わらなくてはいけないのか）分かるかもしれません。

キツネは妖術やトリックの使い手とされてきました。夜行性ゆえに、神秘の力をもつと考えられたのでしょう。キツネがもっとも活動的になるのは明け方と夕暮れ。この「はざまの時間帯」は魔界と

自然界が交錯する時間帯です。キツネは森と平原の境に、すなわち「はざま」に多く生息します。時空のはざまを往来するキツネは精霊界への案内役とも解釈できます。

東洋ではキツネは人間に化けると考えられてきました。中国の昔話には変身の術を覚えたキツネが50歳で人間に、100歳で魔女か美しい娘に姿を変え、人間の男たちをとりこにして破滅に追い込みます。また、アメリカ先住民の言い伝えには、妻の正体がキツネだったことを知って驚く狩人が出てきます。こうした伝承は妖術を女性特有の特技と見なしています。妖術は女性のパワーから生まれたとする信仰です。男性はその妖術を見破り、魅入られないように注意しないといけません。

トーテムとしてのキツネを理解するには、その生態や特徴を詳しくリサーチする必要があります。ほぼ全種に共通するのは長くとがった鼻、大きな耳、フサフサした長い尾、スリムな脚。大きな耳は体にこもった熱を逃す働きがあり、暑さ対策に有効です。キツネをトーテムに持つ人はたいてい夏場が苦手ですが、耳を出すように心がけて暑さをしのぐと良いでしょう。

キツネの被毛にはさまざまな色が混じっており、保護色の役目を果たします。周囲に溶け込み、目につきません。キツネをトーテムに持つ人は、このカムフラージュの技術を見習うべきです。周囲に同化することで人目に触れることなく出没し、目的を秘密裏に達成できます。

このテクニックを応用すれば、自分のオーラをコントロールすることも可能。オーラの波長や強弱を調整すると、人間関係も円滑になります。ポイントはオーラの出し方を変えること。手始めに、壁を背にして立ち、壁の色と自分（のオーラ）が同化していくようすをイメージしてください。

何かの集まりに出かけたときはキツネになったつもりで椅子やソファに腰かけ、周囲と一体化するように念じてみましょう。椅子やソファの色柄を確認し、その一部になった自分を想像します。そのまま黙って座っていれば、「気づかなかった」人がぶつかってきたり、膝の上に座ったりするかもしれません。自分でも驚くほど効果があるでしょう。

キツネの被毛には重要な意味合いがあります。毛はしばしば「感性のアンテナ」に例えられます。キツネの被毛は二層構造。内側の毛は短くて密集しており、外側の毛は長くて硬くなっています。いちばん黒っぽいのが背中の毛です。

一般的に、体毛は精力と豊穣を象徴し、毛深さは精力と豊穣の程度を表します。キツネの内側の毛は持って生まれた創造力を、外側の毛は創造力がどの程度発揮されているのかを映し出します。外側の毛が変化するのは、創造力の使いみちが変わったあかし。キツネをトーテムに持つ人にとって、毛髪や体毛は重要です。自分を変えたいなら、まず髪形を変えるといいでしょう。ヘアスタイルによってトーテムから授かるパワーも変わるはずです。

尾はキツネの全身のなかで、もっとも神聖なパーツ。キツネをトーテムに持つ人は尾の象徴性にも注目してください。走っているときのキツネの尾は、つねに地面と平行で、尾で舵を取りながら走ります。横一直線に伸びた尾は女性性を連想させます。キツネの尾は文字どおり、女性的な創造力を舵取りをしていると言えます。また、その尾は急な方向転換をするときにも便利。何事にも創意工夫を心がけていれば、突然の状況の変化にも難なく対応できるでしょう。

尾は鼻や足を冷えから守る役目も果たします。キツネは長い尾にくるまるようにして体を横たえます。キツネをトーテムに持つと、自力で防寒できるようになります。とくに冷え込んだ人間関係から身を守る技術が身につくでしょう。

厚い被毛に覆われたキツネは実際よりも大きく見えます。キツネをトーテムに持つ人は、そこを見習って存在感を演出しましょう。自分を大きく見せることができれば、攻めるにも守るにも有利です。

キツネの脚はランニングに適しています。その健脚ぶりを見ていると、こちらまで元気になれそうです。キツネのトレードマークは「トロット」と呼ばれる速足歩行。疲れも見せず、ハイペースで何時間でも歩き続けられるといいます。キツネくらいの体格で、キツネ以上に俊足な動物はまずいません。トロットをまねることは健康維持にも、成功のスピードアップにも効果的。キツネの足跡は一列につきます。直線の足跡は、女性的な創造力がストレートに表現されているあかしでしょう。

キツネは、必要に迫られれば、木も駆け登ります。それは新しい高みに到達できる能力、新しい知恵を求める本能を象徴します。とくにハイイロギツネはネコさながらに木を登ります。後ろ足の爪で幹をとらえながら、勢いよく登るのです。

キツネの五感にもトーテムとしての役割が見て取れます。キツネの耳は非常に感度が良く、小さなアンテナのよう。150メートル先にいるネズミの気配もキャッチできます。キツネをトーテムに持つと、内緒話はもちろん、言葉にならない言葉も聞き取れるようになるでしょう。それは霊聴力の目覚めを意味します。

キツネは視覚も発達していて、アーモンド形の瞳はネコの目にそっくり。色盲ですが、色の濃淡は瞬時に判別します。また、動体視力にすぐれ、何かが動く気配を視界の隅でとらえることができます。キツネのトーテムが現れて以来、霊を見るようになったという話はよく聞きます。精霊や妖精の目撃談も耳にしますが、これもキツネのトーテムのなせる業でしょう。

キツネの五感のなかで、もっともすぐれているのが嗅覚。狩りをするときは目や耳よりも鼻を頼りにします。キツネは異臭に敏感ですが、それはキツネをトーテムに持つ人も同じ。においの微妙な変化を感知する人が多いようです。においは相性のバロメーターでもあり、相手とのつき合い方を決めることがあります。キツネをトーテムに持つ人はアロマテラピーを研究するといいかもしれません。

鼻が利くのは識別力が高い証拠です。キツネのトーテムにならって、場の空気を嗅ぎ分ける練習をしてみましょう。その結果、親しくすべき相手や避けたほうがいい相手が分かるようになります。この人はうさん臭くないか、この場に嫌な空気が漂っていないかチェックする習慣をつけましょう。

キツネは基本的に一夫一婦制。生涯の伴侶は1頭だけです。キツネは一年のうち5カ月ほどをひとりで過ごします。単独で生活するほうが気楽なようです。アカギツネが巣を求めるのは妊娠中だけですが、毎年同じ巣に戻り、そのたびに巣を改修する傾向があります。

我が家に対する愛着はキツネをトーテムに持つ人も同じです。縄張り行動で知られるキツネは帰巣本能の強い動物。キツネをトーテムに持つ人も縄張り意識が強く、自分の住まいを愛し、自宅の居心地を良くすることに熱心です。

キツネの子は一度に1～6頭生まれます。生まれた直後は目も見えず、耳も聞こえませんが、大人になると一転して視覚も聴覚も鋭くなります。1歳までを無事に過ごせば、寿命をまっとうできるとされ、子どものうちから自分の縄張りを持ちます。キツネをトーテムに持つ人は試練続きの幼少期を過ごすことが多いようですが、そのぶん生存能力は鍛えられるでしょう。

キツネはタフで狩りが得意。人間によって生息地を追われ、乱獲されてきたにもかかわらず、絶滅することなく今日に至っています。サバイバル能力も抜群です。よく「キツネは臆病だから生き残ってこられた」と言う人がいますが、「臆病」なのは危険を察知し、回避する知恵を身につけてきたからでしょう。キツネはあらゆる手段を使って、危険を避けようとします。

キツネは農家にとって益獣のはずですが、作物を盗み、ニワトリを食い殺すという理由で嫌われがちです。そのような被害をもたらすのはほとんどが自分でエサを捕獲できない老ギツネ。キツネはもともとカブトムシ、コオロギ、バッタなどを好み、とくにネズミが好物です。キツネをトーテムに持つ人はネズミの象徴的な意味についてもリサーチしてください。

キツネは小食ですが、一日に何度も食べます。食べ残した分は巣穴に持ち帰り、ストックします。キツネをトーテムに持つ人は健康のために分食を心がけるといいでしょう。

キツネの狩りのスタイルは優雅で軽やか。狙った獲物に飛びかかり、前足で取り押さえるところはネコに似ています。キツネは忍耐強い策略家。身を潜めて獲物のようすをうかがいながら、攻撃のタイミングを待ちます。

キツネが見せる最高の妙技は「幻惑作戦」。獲物の近くでさまざまなパフォーマンスを披露します。跳んだり、はねたり、転げたり、走り回ったりして注意を惹きつけます。獲物がパフォーマンスに目を奪われているすきに徐々に距離を詰めていき、タイミングを見計らって襲いかかるのです。この作戦はカモフラージュとパフォーマンスの合わせ技と言えます。この手を使えば、どんな獲物でも落とすことができるでしょう。キツネのトーテムに学べば、欲しいものが確実に手に入るはずです。

キリン

キーワード：先見の明
パワーのピーク：通年

キリンはもっとも体高のある哺乳類です。長身のおかげで、かなり遠くまで見渡せます。キリンは「未来を読む動物」と解釈できるでしょう。

キリンの特徴は何といっても、細長い首と脚。とくに首には目を引かれます。繰り返しますが、首という部位には大きな意味があり、頭部と胴体、天界と下界をつなぐ「橋」を象徴します。シンボルとしての橋は異界や新境地への入り口を意味するので、長い首とすぐれた視覚を持つキリンは先見性の象徴です。

キリンの首は頑強です。オス同士が首を巻きつけ合って「首相撲」に興じることもあります。首の筋力を使って繰り出される頭突きは強烈です。そこには「持ち前の強みを生かせば、最大の力が出せる」というメッセージが含まれています。

首やのどは自己主張とコミュニケーションを想起させます。キリンはときどき鼻をならす以外はほとんど物音を立てません。「モー」「メー」と鳴くことはありますが、コミュニケーションの中心はボディランゲージです。キリンがトーテムとして現れたら、口数が多すぎる、あるいは少なすぎるのではないか反省してみましょう。また、不当な批判を受けたり、人の言葉に翻弄されたりしていないか考えてください。

キリンをトーテムに持つ人は自分の胸にこう尋ねましょう――将来が見えているか。先を見るのが怖いのでは？　人の意見をうのみにしていないか。自分の考えや言動がどういう結果をもたらすか分かっているか。キリンのトーテムなら、ヒントをくれるでしょう。

キリンの細長い脚も象徴的。動物は脚があるから移動できます。脚はバランスと前進の象徴です。キリンは地に足をつけ、空中から物を見ます。

未来が見えているのに踏み出せない、変化を拒んでいる、行く先を恐れてしまう――キリンはそんな私たちに未来を見せ、未来への道筋を示してくれます。キリンは脚と首の両方を動かしながら走ります。その姿を見ていると、未来は眺めるものではなく、向かっていくものなのだと分かります。キリンのトーテムは前進の仕方を身をもって示しています。

キリンは草食性で、小枝、木の葉、木の芽を好みます。舌を上手に使って、枝から葉を外します。脚が長いので水を飲むのは一苦労ですが、水がなくても数日間は過ごせます。キリンがもっとも無防備になるのは、水を飲むために両脚を広げて頭を下げているとき。キリンをトーテムに持つ人はこの点に注目しましょう。地平線から目を離せば、とたんに不利になります。下を向いたままではトラブルを招くかもしれません。

キリンのきゃしゃな頭部は社交的な性格を表します。キリンは仲間と行動することを好み、とくに母子関係が強い動物です。キリンをトーテムに持つ人は家族や友人と良好な関係を築いていることが多いようです。

キリンの角は特殊です。丸い突起物という感じで、落ちることも生え変わることもありません。そして皮膚に覆われています。前にも述べたように、角は「感性のアンテナ」です。キリンの角は実際には3本です。３本目は角というよりもコブに近く、眉間から生えています。この位置は非常に重要です。眉間は「第三の目」「心の目」を意味します。ここにもキリンのトーテムの先見性が見て取れます。

クジラ

キーワード：創造、歌の力、潜在意識の目覚め
パワーのピーク：通年

クジラは最大の哺乳類です。クジラの仲間は海中に住む恒温哺乳類の大半を占めます。地球のあらゆる生物が、とりわけ人間が海から誕生したとする神話はたくさんあります。そこからクジラは創造のシンボルとされてきました。それは肉体の創造と世界の創造の両方を意味します。

北極地方に暮らす人々は自然観察のエキスパートです。そうでなければ、氷雪地帯で生きていくことはできないでしょう。エスキモーのイヌイット族はホッキョククジラにゆかりが深く、言い伝えのなかで「神の最高の創造物」とたたえています。

クジラの仲間はイルカを含めると全部で90種ほど。マッコウクジラ、シャチ、ゴンドウクジラ、イッカク、ザトウクジラ、最大種のシロナガスクジラなどがいます。どの種にも潮を吹き出す噴気孔があります。クジラの潮吹きをまねると、創造力が解放されるでしょう。クジラの皮下には脂肪層があり、体温を一定に保ち、エネルギーを蓄えるのに役立ちます。創造力というエネルギーをいかに蓄え、効率よく使うべきなのか、クジラは身をもって示しています。また、クジラは血流を必要最小限にコントロールし、酸素の消費を抑えます。状況に合った呼吸の仕方を心得ているのです。

クジラの大半は2つのグループに分かれます。ハクジラとヒゲクジラです。ハクジラは魚などの海

洋生物を鋭い歯で捕食します。マッコウクジラ、ゴンドウクジラ、イルカもこの仲間で、通常は群れをなします。ハクジラは理論的に考えることを得意とし、創造性をもつことが確認されています。ハクジラの仲間は創造力を刺激するトーテムです。

一方、ヒゲクジラに属するザトウクジラは「海の歌い手」として知られます。繁殖期にオスが奏でる愛のメロディはシーズンごとに変わります。そこには「歌声を聞かせる時間と場所と相手をわきまえなさい」というメッセージが込められています。私たちも創造力を駆使して自作の歌を披露するべきでしょう。

クジラは超音波（エコー）を発して物体の位置を確認するエコーロケーション・システムを備えています。ここにもクジラと「命の音」との接点がうかがえます。音は命の鼓動です。クジラのトーテムは音を出して、その反響をキャッチするように促しています。それによって眠っている潜在意識が目ざめたり、夢の実現に弾みがついたりするかもしれません。

かつてクジラは封印、秘匿、再生のシンボルでした。旧約聖書のヨナ書には、ヨナがクジラのような大魚の体内で3日過ごしたあと、二度目の生を受けて復活を果たすエピソードがあります。私たちも心の奥深くに潜り、創造力を掘り起こせば、生まれ変われるかもしれません。そのためには眠っている能力を発見し、発揮する必要があります。

クジラはときどき海面に上昇し、その姿を完全に現します。クジラをトーテムに持つ人の多くは芸術的センスに恵まれていますが、そのセンスを発揮するには水から出なくてはいけません。外の世界に触れることが必要です。夢を描くだけで行動に移していなかったり、才能を発揮することを恐れていたりする人は今こそ水中から顔を出してください。持てる才能を存分に披露しましょう。出し惜しみはいけません。

クジラがトーテムとして現われたら、自分の才能を生かしているかどうか反省しましょう。人を真似るだけで、オリジナリティに欠けていないか。自分なりの生き方を確立しているか――こんなふうに問いかけるだけでも日常に変化が起きるはずです。

イヌイット族はクジラを天の恵みと考え、クジラのおかげでサバイバルできると感謝しました。彼らにとってクジラは世界一美しい野生動物ですが、同時に生活の糧でもありました。才能を「宝の持ち腐れ」にしてはいけないとクジラは訴えています。そして私たちの創造力を刺激し、人生の彩りとして生かすように伝えているのです。

クマ

キーワード：潜在意識の覚醒
パワーのピーク：春、夏

クマは重要なシンボルやモチーフとして神話や民話に登場してきました。人間がクマに変わるストーリーもあれば、クマが人間や神に姿を変えるエピソードもあります。私たちの想像をかき立ててきたクマは星座にもなりました。それが大熊座です。大熊座を構成する北斗七星は北半球でもっとも見つけやすい星座。北斗七星は天光に例えられます。

クマは月にゆかりがあり、潜在意識や無意識を連想させます。月の女神ダイアナにも関係します。月は錬金術の初期段階を意味することから、クマは原始や野性の象徴と解釈できます。

アメリカ先住民にとって、クマと鳥類は人間の同族。どちらも二足歩行するからです。一般的に、クマはオオカミと並ぶ野生動物の代名詞。環境学の専門家によれば、人類が自然環境や天然資源の維持に本気で取り組んでいるかどうかは、クマとオオカミに対する保護活動を見ればつぶさに分かるといいます。

クマは最大の肉食獣ですが、食べられないものはほとんどありません。果実や木の実も口にする雑食性です。むしろ、クマよりも小さい肉食動物（キツネなど）のほうが肉を食べます。

クマの冬眠は、厳密に言うと「冬ごもり」に近いものです。冬場は体内に蓄えた脂肪を消費しながら活動します。ただし、体温がわずかでも下がると、呼吸数が平時の半分以下に落ち込むこともあります。クマの眠りの深さは蓄えた脂肪の量に比例しますが、ここに大切なメッセージが見て取れます。それは「生きていくために必要な糧は自分の内面にある」ということです。私たちもクマを見習って、これまで蓄えてきたパワーや知恵を掘り起こし、フルに活用しましょう。クマをトーテムに持つと、自分の可能性を引き出し、魂のひだにまで分け入ることができるはずです。

冬ごもりのあいだ、クマの腎機能は完全に停止します。医学界ではその仕組みを解明し、腎臓の治療や移植に役立てようとしています。これもクマに学ぶべきところです。

腎臓には文字どおり肝腎かなめの働きがあります。尿を生成し、血液をろ過するのです。その働きを象徴的に解釈すれば「分別」です。クマがトーテムとして現れたときは、こう反省してみましょう——最近、判断力が鈍っていないか。周囲の人たちはどうだろう？　自分にとって価値のあるものとないものを分別できるか。状況判断が甘いのではないか。自分にも他人にも厳しすぎるのでは？　色眼鏡をとおして物事を見ていないか。クマのトーテムは自分の内面を掘り下げるように促します。そのとおりにすれば、賢明で正しい判断が下せるでしょう。

クマは驚くほど運動神経が良い動物です。ツキノワグマ、ハイイログマは短距離であれば時速60キロ前後で走りますし、どのクマも（シロクマも含めて）木登りの名人です。木に登るのをためらうのは大木を前にしたときだけ。クマは樹木に縁があり、木に登ったり、幹に体をこすりつけたりする仕草は動物園でも人気の的です。

樹木は強力なメッセージをもつシンボル。その点はクマと似ています。木は天地をつなぐ自然界のアンテナ。種類によって象徴性は異なりますが、総じて知識を意味します。木は多産、豊穣、成長の象徴でもあります。

クマが「眠っている才能を起こしなさい」と伝えているなら、木は「起こした才能を発揮しなさい」と促しています。クマをトーテムに持つ人は自分の才能を大切に育てつつ、ときには高い木に登ってみることが必要でしょう。少なくとも視界は開けるはずです。

また、クマをトーテムに持つ人は「毎日が冬ごもり」にならないように注意しましょう。いずれは巣穴から出なくてはいけません。そのことはクマの出産が教えています。クマは冬ごもりの間、半眠状態で出産します。一度に2頭産むことが多いのですが、3頭の場合もあります。生まれたばかりの子グマは弱々しく、意識がもうろうとしており、冬の間は暖かく安全な巣穴の中で育ちます。

そして、春になると母親と一緒に巣穴から出ます。そのころには母親のあとをついて歩けるほどに成長しています。この点はきわめて重要で、内省と充電が必要であることを意味します。その時期は自分の可能性を探り、計画や目標を立てるのに適しています。ひと冬かけて温めたアイデアは春になったら外に出し、さらに大きく育てなくてはいけません。

クマをトーテムに持つと、冬ごもりのタイミングが自然に分かるようになります。また、冬ごもりの間に充電したものを生かして、活動を再開する時期（春の到来）も察知できるでしょう。ただし、焦りは禁物です。クマの子どもが親離れするまでに最長で2年かかります。温めてきたアイデアを実現させるにも、そのくらいかかるかもしれません。

クマのなかで飛び抜けて狩りがうまいのがシロクマです。シロクマは怖いもの知らず。クマとしては、もっとも獰猛で肉を好みます。食物連鎖の上位に位置し、天敵は人間だけ。主食はアザラシです。シロクマをトーテムに持つ人はアザラシの特徴についてもリサーチしてみましょう。

クマは例外なくハチミツが好き。ハチミツは人生の蜜を意味します。ハチミツのありかと言えば、木に設置されたミツバチの巣箱ですが、ここにもクマと木の接点が見て取れます。クマのトーテムは、温存したエネルギーを発散させてこそ人生の蜜が味わえると教えているのです。

コウモリ

キーワード：変化、成長、通過儀礼
パワーのピーク：夜間

コウモリは誤解されやすい哺乳動物です。映画やテレビでは不気味なキャラクターとして描かれることが多いようですが、自然界では重要な役目を果たし、トーテムとしてのキャリアもあります。竜のような翼をもち、現代では魔物扱いされるコウモリも昔は信仰の対象でした。

古代バビロニアでは霊魂の、中国では幸運と長寿のシンボルです。マヤ族は創始と再生の象徴とみなし、中世の人々は小型の竜になぞらえました。

マヤの経典に登場するコウモリは重責をになっています。その経典は『ポポル・ヴフ』という絵文書で、17世紀に修道士のヒメネスが発見しました。『ポポル・ヴフ』は双子の兄弟が7つの試練を乗り越える物語ですが、最後の試練の舞台はコウモリの館。巨大コウモリが飛び交うこの迷宮には、コウモリ神のカマソッツが棲んでいます。カマソッツはコウモリの頭部と翼をもち、太刀を振り回しては館に迷い込んだ者の首をはねます。

この壮大にして象徴的な物語は人間の成長過程をテーマにしており、作者は半人半獣のカマソッツをとおして、それを描きました。変化に気づかないのは命取りであり、闇の向こうに再生の機会があることを訴えています。

『メディスン・カード』の著者ジェイミー・サムズとデイビッド・カーソンはコウモリを「シャーマンの死」になぞらえました。それは過酷な試練を経て過去の自分を葬るという意味で、人間にとって最大の恐怖でしょう。どれほど古く、不要になった自分とはいえ、自分の一部を抹殺することには変わりがないからです。

変わること、変えることを恐れるあまりに「知らぬ神よりなじみの鬼」と開き直る人は少なくありません。コウモリがトーテムとして現れたら、その恐れに向き合い、変化に備えてください。過去を手放し、未来を築く力が試されています。

変化は痛みを伴います。コウモリをトーテムに持つと、その痛みが増すこともあります。今までうまくいっていたことが、うまくいかなくなるかもしれません。ですが、それは悪いこととはかぎりません。痛みを感じるのは、それだけ今までの生き方に縛られてきたからであり、無限に広がる未来よりも過去にこだわっているからでしょう。

変化は好機であり、「起きるもの」ではなく「起こすもの」。そして、外界は自分の心を映し出す鏡です。自分が変われば――せめて心のもちようを変えることができたら、世の中も違って見えるでしょう。変化を受け入れ、味わうためには自分の人生に責任をもつことから始めてください。恐怖心に打ち克つ勇気を奮い起こすことです。

コウモリは体は小さくても、トーテムとしてのパワーは強大です。効き目が強すぎて、副作用が出るかもしれません。コウモリは夜行性であり、夜は恐怖の時間帯です。人は火や灯りをともして闇という恐怖を追い払おうとしますが、闇と向き合い、闇を光に変えることは苦手です。私たちは逃げられないものから逃げようとしていないでしょうか。

コウモリは恐怖との対決を促すトーテムです。その歯は針のように細く、とがっています。コウモリは狂犬病の病原体をもっていることがあります。狂犬病はウイルス性の感染症で、精神にも異常をきたすとされます。ウイルスのように増殖する恐怖も、やがては心身をむしばみ、正気を奪うかもしれません。コウモリは恐れと対峙するように促しています。過度の恐怖心は恐怖の対象そのものよりも手ごわい相手です。自分は何をいちばん恐れているのか、この機会に考えてみましょう。

動物としてのコウモリは悪役ではありません。自然界で大事な役目を果たしています。害虫を食べ、植物の受粉に一役買います。コウモリの糞は貴重な肥料になりますが、そこにも恐怖に向き合う価値が見て取れます。恐怖との対決は自信をはぐくむ肥料になるからです。

コウモリは哺乳類のなかで唯一、空を飛びます。両翼をバタバタさせる姿は優雅とは言えませんが、飛べることには変わりありません。飛行は飛躍の象徴です。その詳しい意味は鳥類の章を参照してください。

私たちもコウモリと同じ哺乳類です。そう考えると、コウモリの飛行能力は一段と大きな意味を帯びてきます。飛行が意味するのは、心身が不安定になりやすい成長の時期でも一筋の希望はあるということ。つまり、自分を成長させつつ高みを目指すことができるということです。人間なので優雅に空を舞うことはできないかもしれませんが、それでも飛行には変わりありません。

成長の先に待っているのは飛躍だけではありません。まったく新しい視点で世の中を見渡すことができます。コウモリは逆さ吊りになって眠ります。その姿から連想されるのはタロットの「吊るし人」

というカードです。このカードは障壁の突破と高い見識、真実への目覚めを意味します。そして真実を知ることに伴う数々の試練を気力とスタミナで乗り切ることを暗示します。このカードに込められているのは「新しい地平線の向こうに想像を絶する景色が広がる」というメッセージ。コウモリをトーテムに持つ人は、このカードについてリサーチするといいでしょう。

コウモリは見かけによらず社交的。群れを作り、集団で生活します。その習性は、人と積極的にかかわり、人脈を広げるように促しているのかもしれません。

コウモリをトーテムに持つと、聴覚が冴えると言われます。コウモリは盲目という説がありますが、それは間違い。大きな瞳はよく発達しており、明るい場所でも視覚を頼りに行動できます。コウモリは夜間飛行も得意です。口や鼻から超音波を発し、障害物の位置を確認しながら暗中を飛びます。この能力は集団生活を送るうえでも役に立ちます。コウモリ同士が空中衝突することは、まずありません。コウモリの超音波システムは霊視力や霊聴力の表れであり、魂の声を聞き取る力を連想させます。

コウモリをトーテムに持つと、言葉の裏や行間を読めるようになるでしょう。相手の発言に注意深く耳を傾け、自分の直感を信じてください。鼻は識別の器官です。超音波システムを備えたコウモリの鼻は、本音と建前を嗅ぎ分けるに違いありません。

コウモリは強力なトーテムです。そのぶん扱いは難しいのですが、通過儀礼をとおして私たちを新境地へと導いてくれるでしょう。古い自分を脱ぎ捨てたあとには未来と才能がひらけるはずです。

サイ

キーワード：古来の知恵
パワーのピーク：通年

世界に現存するサイは5種います。そのうち2種はアフリカ産、3種はアジア産です。サイをトーテムに持つ人は種類を特定することでトーテムの役割を具体的に理解できます。トーテムの生息地は前世でゆかりのあった土地かもしれません。サイは巨大獣がいた時代の生き残りです。サイの英語名「Rhinoceros（ライノセロス）」には鼻と角という意味があります。

サイは群れをなさない単生です。何百年も生き延びるうちに、ひとり身の気楽さを知ったのでしょう。サイはありのままの自分に満足するように説いています。それは古代秘術学校の校訓「己を知れ」に通じるでしょう。

サイのシンボルは独特の角。哺乳類としてはめずらしく、角が頭ではなく鼻の上から生えています。角は「感性のアンテナ」ですが、サイの角はその位置から考えて、鋭い嗅覚を表すでしょう。嗅覚は識別力、理想の追求、知恵の活用を意味しますが、サイの感覚器官の特徴を知れば、さらに納得がいきます。サイは視力が良いほうではありませんが、においと音には敏感です。

サイがトーテムとして現れたら「心の識別力」をチェックしましょう――自分の価値観（自分にとっての最善や最適を判断する力）を信頼しているか。今まで学んだことを無駄にしたり、軽んじたりしていないか。自分のいちばんの理解者は自分であることを忘れているのでは？　物事のうわべだけを見て、中身を見ていないのではないか。

サイをトーテムに持つ人はサイの相棒のウシツツキについてもリサーチしましょう。ウシツツキは「サイの鳥」と言われ、サイの背中で羽を休めるついでに、ハエやダニなどの害虫を追い払います。サイのトーテムに学べば、自分のなかにも知恵が眠っていることに気づくでしょう。サイのどっしりとした存在感は「中身の重視」を促します。古来の知恵を備えたサイは過去に学んだことを今に生かすように伝えています。

シカ

キーワード：優しさ、純心、冒険へのいざない
パワーのピーク：春、秋

シカは想像をかき立てる動物です。哺乳類としてはもっとも繁殖した種のひとつで、オーストラリアを除く各大陸に分布します。シカはどのような環境にも適応できるのです。

種類によって特徴や習性は違いますが、全種に共通する点も見られます。例えば、カリブー（北米トナカイ）は年に2回、長距離を移動します。カリブーをトーテムを持つ人はこの行動パターンに注目しましょう。カリブーは秋から初冬の繁殖期にパワーのピークを迎えます。ミュールジカも移動する習性がありますが、同じコースは二度と通りません。それは天敵に待ち伏せされるのを避けるためです。ここではシカの全般的な特徴を、オジロジカを中心にして説明していきましょう。

シカといえば狩猟を連想する人が多いと思います。シカ狩りは文明人を野性に戻します。シカを追って森に迷い込んだ狩人や王族が冒険にのぞむ話は数多くあります。その代表がアーサー王と円卓の騎士の物語。アーサー王の甥のガウェインは白い牡鹿に誘われ、さまざまな冒険を体験します。トマス・マロリーの『アーサー王の物語』にも同様のストーリーがたくさん出てきます。

シカは仏教にゆかりがあります。シカを連れたブッダの姿がたびたび描かれ、最初の辻説法の場所も鹿野苑《ろくやおん》（現在のインド、サルナート。仏教の四大聖地のひとつ。シカが多くいたといわれる）だったと伝えられます。

そこからも、シカが自然回帰を象徴する清らかな動物だと分かるでしょう。

オジロジカはアメリカでもっとも多く見られる種です。とりわけ目を引くのが立派な枝角。オジロジカの場合、枝角があるのはオスだけですが、トナカイやカリブーはオスもメスも枝角を持っています。枝角は硬い骨質の角で、毎年生え変わります。後頭部から生えており、護身用の武器になります。枝角はシカが5歳になるまで伸び続け、枝分かれします。野生のシカに遭遇したら、枝角から出ている「尖《せん》」を数えてみましょう。その数に重要な意味があります。具体的な意味合いについては数秘術を参考にしてください。

枝角は「感性のアンテナ」を表します。シカがトーテムとして出現するのは「自分の感じ方、考え方に自信を持ちなさい」と伝えるためかもしれません。自分の見識は自分が思う以上に高いのではないでしょうか。

シカの枝角は生え変わるたびに立派になり、尖を増やします。シカがトーテムとして現れたら、今後5年間は感性と見識が向上するでしょう。人としての成長が望めるはずです。

シカの枝角は両目の真後ろに位置していることから、見識を象徴しているのが分かります。落ちた枝角はシカ自身が食べてしまうかネズミのエサになります。いずれにしても貴重なカルシウム源です。

シカの子は年に1～2頭生まれます。生まれたときは地味な保護色です。生後数日間は、ほとんど自力で動けず、母親が頻繁に授乳します。この点はシカのトーテムを持つ人にとって重要なポイント。かつては人間社会においても母親は一定期間、新生児につきっきりで世話をする習慣がありました。客人はもちろんのこと、父親以外の家族も生まれたばかりの赤ん坊に接することは許されませんでした。イスラム社会では母乳を与える女性を、たとえ血のつながりはなくても、その子の母親と考えます。子どもは母親と密にコンタクトを取り、外部との接触をしばらく避けることで、親子の絆を強くし、外界の影響から身を守ることができます。

シカはこうした昔ながらの知恵を現代人に思い出させてくれます。子どもは親子関係が確立して初めて社会に出て行けますし、未知のエネルギーに触れることもできます。

やがて子ジカは自分の脚で立ち、母親の後をついていくようになります。メスの子ジカは1年近く母親の元にいることがありますが、オスは数カ月すると親離れします。父親は子育てにいっさい関わりません。育児は母親の専任だからです。この点にも伝統的な家族のあり方や家庭内の役割が見て取れます。シカがトーテムとして現れたときは、社会や家庭における自分の役割を見直す必要があるかもしれません。

シカの五感は鋭く、その目は遠くのものまで鮮明にとらえ、薄暗い空間でも相手の動きや輪郭を正確に認識します。聴覚も優れています。シカをトーテムに持つと、かすかな動きや気配までも感知できるでしょう。言葉にならない言葉を聞き取る力も身につくはずです。

シカがトーテムとして現れたら、自分にも他人にも優しく接することを心がけましょう。純真な気持ちが芽生えたり、蘇ったりするはずです。そして新しい挑戦や冒険にさりげなく誘われるでしょう。そのときは自分の胸に尋ねてください――肩に力が入りすぎていないか。周りの人はどうだろう？自分に対して厳しすぎたり、いたわりの気持ちに欠けたりしていないか。シカの訪れは自他への愛情を示すチャンスであり、その愛情が冒険への扉を開くのです。

シロイワヤギ

キーワード：確かな足取り、ステップアップ
パワーのピーク：晩秋、初冬

シロイワヤギは山岳地帯で生き抜くための資質を備えています。厚い被毛で厳寒をしのぎ、柔らかい関節を駆使して斜面を歩きます。足のつくりも極限の環境に適しています。シロイワヤギをトーテムに持つ人は山岳地帯の象徴的な意味合いを研究するといいでしょう。

シロイワヤギは絶壁を巧みに登ることで知られます。ひづめの付いた足で岩肌をとらえ、急斜面を移動します。足裏の肉球も全身を支えるのに一役買っています。後ろ足で立ち、前足を壁面に引っ掛けて、垂直によじ登ることもできます。シロイワヤギは生まれた直後から岩登りを始めます。

シロイワヤギの体はじつに柔軟ですが、そこに重要な意味があります。その骨格は硬骨と軟骨からなり、全身のしなやかな動きを支えます。シロイワヤギがトーテムとして現れたら、こう自問してみましょう――自分の志を支えてくれる人はいるか。自分は誰かの支えになっているか。柔軟に考えることができず、自分の可能性を狭めていないか。もっと支えが必要なのでは？　人生の「屋台骨」はしっかりしているか。

当然のことながら、シロイワヤギが斜面を下るスピードは上るときよりも速く、柔軟な背骨と踏ん張りのきく足のおかげで、険しい山道も狭い岩場も難なく移動できます。ほかの動物だったら、バラ

ンスを崩して転落しかねません。足が乗るだけのわずかなスペースに10メートル以上も飛び移ることができます。シロイワヤギは目標に到達するための知恵を備えています。自分の力を信じ、目指す地点に着地するにはどうしたらいいのか身をもって示しているのです。

シロイワヤギは占星術の山羊座に関連づけられます。新しい目標や計画を立てるには山羊座のシーズンを狙うといいでしょう。シロイワヤギのトーテムはそれを伝えるために現われたのかもしれません。このトーテムを持つ人は山羊座を研究してください。

そのうえで、こう自問してみましょう――物事を深刻に考えすぎていないか。あるいは軽く考えていないか。行動を起こすには、まだ準備が足りないのでは？　そう考えることによって努力の必要性を実感し、見通しの甘さを反省できます。

角《つの》は先見性を表します。先見の明と岩登りの才能を兼ね備えたシロイワヤギは、将来の成功をサポートしてくれる存在。シロイワヤギは角を武器にします。角の先端で敵を突き、巨大なハイイログマさえも倒すことができます。

密集した被毛は厳しい寒さをしのぐために欠かせません。ここにもトーテムとしての役割が見て取れます。シロイワヤギは険しい行程を進むための技術と精神力を私たちに授け、あらゆる悪条件から守ってくれるのです。げんに試練の連続で心が折れそうになったとき、シロイワヤギがトーテムとして一時的に現われることはめずらしくありません。そんなとき、シロイワヤギは心身ともに私たちを立ち直らせ、再び歩き出せるように導きます。

シロイワヤギをトーテムに持つ人は古代ギリシャにゆかりがあるのかもしれません。シロイワヤギはギリシャ神話にたびたび登場し、家畜の神パーンや「アマルテイアと豊穣の角」のエピソードに象徴的に描かれています。こうした物語を研究すると、トーテムとしての役割が具体的に分かるでしょう。

シロイワヤギが現れたら、新たな目標を掲げ、ステップアップを目指してください。焦る必要はありません。シロイワヤギの先見性を味方につけ、しっかりと将来を見すえていれば、確かな足取りで目的地に到達できるでしょう。

スカンク

キーワード：官能、敬意、自信
パワーのピーク：通年

私はオハイオ州のブルックナー・ネイチャーセンターで講師を務めています。野生動物を観察するツアーでは、参加者に「お願い」をするのが恒例になっています。スカンクを紹介する前に宣誓してもらうのです――「今からどんな動物が出てきても、鼻をつまんだり、悲鳴を上げたりしないことを約束します」。これで、たいていの人は次はスカンクが登場するのだと分かります。

スカンクを知らない人はいないと思いますが、正しく理解している人もほとんどいないでしょう。スカンクは伝説と神秘に満ちた偉大なトーテム。それは人々の反応を見れば分かります。誰もがスカンクの存在と特技に一目置きます。ここにスカンクの教えがあります。敬意の払い方、集め方、求め方を身をもって示しているのです。スカンクは自分の個性を見つけ、尊重するように促しています。スカンクはほかの動物に道を譲ることがありません。どこまでもマイペースを貫き、我が道を行きます。その姿は堂々としていて、自信に満ちています。スカンクがトーテムとして現れたら、この姿勢を見習ってください。自分を肯定し、主張する方法が分かるでしょう。

スカンクの天敵はアメリカワシミミズク。このフクロウはスカンクを捕食し、スカンクと対をなすトーテムです。アメリカワシミミズクを研究すると、スカンクの役割がもっとよく分かるはずです。

スカンクは怖いもの知らずですが、平和主義者でもあります。ふだんは静かにゆっくり行動し、いざというときにだけ臭い分泌液を噴射します。争いを好まないスカンクは噴射前にかならず警告を発しますが、その警告は3段階に分かれます。最初は足を踏み鳴らし、相手に尻を向けます。次に尾を上げます。尾の下に肛門腺があり、ここから臭い分泌液が噴射されます。最後の警告が発せられたら、観念したほうがいいでしょう。スカンクは振り向いて相手の位置を確認してから分泌液を噴射します。ここでスカンクににらまれたら、もはや打つ手なしです。

分泌液は4~5メートル先まで飛び、かなりの確率で命中します。5~6回は連続して噴射できますが、あとは肛門腺に分泌液がたまるまで待たなくてはいけません。分泌液は刺激の強い化学物質。殺傷力はありませんが、目にしみたり、嗅覚が麻痺したりします。ここから分かるように、スカンクのトーテムは「派手な演出をしないで注目を集める方法」を伝授しています。この方法は傍若無人な人種を遠ざけたいときにも役立ちます。スカンクの悪臭を消すには、トマトジュースが有効とされます。スカンクをトーテムに持つ人はトマトを積極的に食べるといいでしょう。象徴学的に考えると、トマトとスカンクは補完関係にあります。トマトの象徴性をリサーチすると、スカンクのことも深く理解できるでしょう。

スカンクの悪臭に気づかない人はほとんどいません。それだけスカンクは自分の存在や才能を世に知らしめます。においはセックスアピールに直結します。近年の研究で香りと性欲との関連性が立証されました。フェロモンの研究によれば、嗅神経の細胞や反応は外性器のそれに酷似するそうです。

香水は媚薬として珍重されてきました。スカンクをトーテムに持つと、その理由が分かるはずです。人間は体臭に反応します。スカンクをトーテムに持つ人はアロマテラピーを研究しましょう。スカンクがトーテムとして現れると、人に惚れたり、惚れられたりする機会が増え、「恋愛期」が到来します。

スカンクの出産はたいてい年に1回で、一度に10匹ほどを産みます。スカンクの子は目が開いた瞬間から分泌液を噴射できます。スカンクをトーテムに持つ人も同様のパワーを持って生まれてくることが多いようです。幼いころ、人が寄ってくる時期と離れていく時期とが交互にやってきませんでしたか。友達がいるときといないとき、人気があるときとないときの差が激しかったのでは？　スカンクの子は生後20週目で独り立ちします。野生のスカンクの寿命は10年ほど。スカンクをトーテムに持つと、人生のサイクルが20週単位、10年単位になるケースが多いようです。

このトーテムを持つ人は他人との距離の取り方を学ぶ必要があります。スカンクはほぼ生涯を通して単独で生活します。いつ人を引き付け、いつ避けるべきなのか。スカンクのトーテムはそのタイミングを伝授してくれるでしょう。

スカンクは基本的に非常に物静かな動物です。スカンクをトーテムに持つ人もそれにならって自慢話は控えましょう。そうでないと、ひんしゅくを買い、うとまれてしまいます。のんびり構えていれば、そのうち周囲は注目してくれます。

スカンクの環境適応力も見習いましょう。スカンクを観察すれば、注目を集めるタイミングと集まった注目をどう役に立てればいいのか分かります。スカンクは肉食性ですが、好き嫌いはほとんどありません。とくに昆虫、木の実、果実を好みます。スカンクが狩りをするのは夜間です。

スカンクがトーテムとして現れたら、人気や自信を獲得するチャンス。心身ともに魅力と感度がアップするでしょう。この機会に自分のイメージを見直してください。注目が集まることを前提にし、注目の集め方を考えます。スカンクのトーテムなら良きアドバイスをくれるでしょう。

ゾウ

キーワード：古来の知恵、精力、絆
パワーのピーク：通年

ゾウは最大の陸生哺乳類です。マンモスの子孫にあたり、現在ではアジアゾウとアフリカゾウの2種がいます。両者は耳の形が異なり、体格が大きいほうがアフリカゾウです。

ゾウにまつわる神話や伝説は枚挙にいとまがありません。とくに崇拝されているのが白象です。偉人の母は白象の夢を見るといいます。言い伝えによると、ブッダの母親は白象が子宮に入ってくる夢を見たそうです。

ゾウはインドや東南アジアで聖獣とされ、忠誠心と豊穣を象徴します。知恵と成功を司るガネーシャはしばしばゾウの顔をした神として描かれます。ヒンズー教のインドラ神は自分の役割に応じてゾウを使い分けました。主神のときはゾウを聖なる山にし、軍神のときはゾウを秘密兵器に使い、雨神としてはゾウに嵐を起こさせました。

ゾウになじみがない人にとって、ゾウは臆病な珍獣かもしれません。しかし、ゾウにまつわる俗説はほとんどが誤解です。ゾウがネズミを怖がることはありません。ゾウが反応するのはネズミの鳴き声であって、動きではないのです。ゾウはたしかに記憶力がいいのですが、「覚えたことは一生忘れない」というのも迷信。正しくは「自分を傷つけた相手を一生忘れない」です。ゾウは復讐すること

で知られます。「ゾウの墓場」というものも存在しませんが、ゾウが死に場所を求めるという説は神秘的で象徴的。事実、ゾウは死や死期に関心を示し、哀悼の意を表現します。

ゾウは縁起のいい動物です。強さ、たくましさ、そして性欲を体現しています。さかりのついたオスは手がつけられないほど暴れます。そこからゾウは絶倫のシンボルになりました。

ゾウの体格と色は雲を連想させます。昔の人はゾウを雲に例え、ゾウが雲を創ったと信じました。ゾウをトーテムに持つ人は雲のもつ象徴的な意味合いを調べてみましょう。一般的に、雲は有形と無形の世界を隔てる靄《もや》と言われ、海神、予言、多産、家族を意味します。雲はたえず形を変えますが、それはゾウをトーテムに持つ人にも言えます。

私は、夏の野外で開かれるスピリチュアルなイベントに何度か参加したことがあります。そのとき気分転換を兼ねて〝読雲〟をしてみました。雲の形を参考にして霊的エネルギーを呼び覚ますのです。誰かと手をつなぎ、空を見上げて、その時々の雲の形が何を象徴し、手をつないだ相手の何を言い当てているのかを読み解く。これは楽しくて、いい気分転換になります。読雲を試みるたびに、雲の形がゾウに似ていることを思い出します。そう気づくまでには数年かかりました。

ゾウのいちばんの特徴は長い鼻。ゾウは視力が良いほうではないので、そのぶん鼻を頼りにします。空中に漂うさまざまなにおいを嗅ぎ分けますが、嗅覚は識別力を表わします。ゾウをトーテムに持つ人はにおいを意識しましょう。自分は鼻を利かせているか、周囲の人はどうか、変なにおいはしないか、臭いものにフタをしているのではないか反省してください。

ゾウをトーテムに持つ人には香や香油の活用をお勧めします。アロマテラピーを勉強してみるのもいいでしょう。香りを楽しむことは何よりの気分転換になるはずです。

嗅覚は官能とも密接なつながりがあります。香りは強力な性欲促進剤。ゾウをトーテムに持つと、香りは媚薬に変わるかもしれません。誘惑するにも、されるにも絶大な効果を発揮するでしょう。ゾウが精力絶倫とされる理由はここにも見て取れます。

ゾウの鼻は使い手がたくさんあります。水を飲むとき、浴びるとき、敵から身を守るときに役立ちます。ゾウはお互いの鼻をくっつけてあいさつします。筒状の鼻と上唇は一体化しており、鼻の先に指のような突起があります。ゾウは長い鼻を手のごとく操り、高所にある枝葉を器用に食べます。ゾウのように嗅覚が鋭くなると、普通の人には縁のない神秘や異界と接することができるでしょう。

象牙も大事な部位です。悲しいことに、象牙を狙う密猟者のせいで、おびただしい数のアフリカゾウが乱獲されました。ゾウをトーテムに持つ人は象牙のもつ霊的、象徴的な意味を研究してください。ゾウの牙は武器になり、植物の根を掘り起こす道具にもなります。このことからゾウは植物の知恵を宿し、地上と地下に通じていると解釈できます。

ゾウの群れは強い絆と愛情で結ばれています。成熟したゾウは病んだ仲間や傷ついた仲間に助けを惜しみません。ゾウの社会こそ真の理想社会と言えるでしょう。

ゾウがトーテムとして現れたら、家族や社会のあり方を見直すチャンス。社会全体で子どもを育み、高齢者や病人を敬い、一人ひとりが地力をつける——それが個人としても社会としても成熟することではないでしょうか。まずは自分と人間関係を成熟させましょう。ゾウが持つ古来の知恵に学べば、自他ともに動物としての連帯感を取り戻すことができるはずです。

トラ

キーワード：情熱、したたかさ、献身、官能
パワーのピーク：夜間、新月と満月

トラの勇壮な姿は見る者すべてを魅了します。ベンガルトラ、シベリアトラ（アムールトラ）など多くの種類がいますから、個々の特徴をチェックしておきましょう。ネコやヒョウとの共通点も多いので、それもリサーチするといいでしょう。

トラの全種に共通するのは獰猛さとしたたかさ。ネコ科の大型種としてはめずらしく泳ぎがうまいので、水がもつ象徴性や神秘性に関連づけられてきました。トラは一様に母性愛が強く、母親はかいがいしく子の面倒を見て、狩りを教えます。大部分のトラは単生で、共同生活を送るのは子作りをするときくらい。そして一頭一頭が広い縄張りをもちます。

南アジアに生息するベンガルトラはシカを主食にしています。ねぐらは複数ありますが、そのうちひとつは育児用です。ベンガルトラは生後2カ月で母親と一緒に狩りに出ます。生後6カ月になると狩りを覚えますが、ひとりで捕食できるようになるまでに1年4カ月ほどかかります。

トラはゆっくり獲物に忍び寄り、仕留めます。トラをトーテムに持つ人は、この戦術をまねるといいでしょう。トラは仕留めた獲物を独占したがります。独占するために、数百キロもある獲物の死骸を500メートルほど引きずり、隠すこともあります。

トラは夜行性のハンター。トラをトーテムに持つ人は夜のほうが仕事がはかどるかもしれません。トラの黒と黄（オレンジ）の縞模様は新月と満月を連想させます。

強くしなやかな筋肉、厚くソフトな被毛はセックスアピールの象徴です。ネコ科の動物はけだるそうに伸びをし、体をどこかにこすりつける習性があります。トラをトーテムに持つと、性感が高まるかもしれません。スキンシップに敏感になるからです。

トラにまつわる伝説や神話は古今東西に見られます。そうした物語を読むと、トーテムとしてのトラの役割が理解できるでしょう。物語の舞台となった場所は前世で縁があったのかもしれません。トラは韓国では百獣の王です。ヒンズー教では創造と破壊を表し、生と死を司る女神カーリーの聖獣とされます。ギリシャ神話においては、二度生まれたという酒の神ディオニュソスに関係があります。

中国にはトラに関する言い伝えが無数にあります。トラは十二支のひとつ。寅年生まれの人は派手好きでつかみどころがなく、冒険心、情熱、スタミナにあふれるといいます。

トラのトーテムが現れると、冒険の機会が訪れ、意欲や情熱が沸くでしょう。その冒険はトラが出現してから6～8週間後に始まり、1年半は続くはずです。そのときに備えて今の自分に情熱はあるか、情熱はあっても燃やしていないのではないか、モチベーションは下がっていないか確認してください。トラのトーテムが出現したあかつきには冒険心、情熱、モチベーションが蘇ってくるでしょう。

ネコ

キーワード：神秘、奇跡、独立心
パワーのピーク：夜間

ペットのイメージが強いネコですが、トーテムアニマルとしてのパワーと役割にも触れないわけにはいきません。ネコ科の大型種については個々に紹介していますので、ここでは（野生であれペットであれ）ネコ科に共通する特徴をいくつか挙げます。

神話や伝承文学にネコの存在は欠かせません。古代エジプトでも珍重され、エジプト神話のバステトは猫神として、または猫の頭部をもつ女神として描かれました。北欧神話の豊穣神フレイヤもネコにゆかりがあり、ヒンズー教の多産の神シャスティはネコに乗っています。グリム童話を始めとする世界各地の民話にもネコは頻繁に登場します。

ネコの評価はさまざまです。好奇心が旺盛、九生をもつ、独立独歩、ずる賢い、気まぐれ、癒しになると言われます。魔女の愛猫は「使い魔」と言われ、魔女そのものも化けネコのように扱われてきました。

ネコは闇を好む動物ですが、日中はペットの役割をにないます。その役割を果たさなくても「独立心の強いマイペースな動物」として許されることが多いようです。人間にとって、闇は恐怖であり、見たくないものや見えないものが巣くう場所。それだけに闇に強いネコは霊妙な力を持つとされてきました。本当はネコの目は人間の目よりも光を感知する細胞が多いので、暗がりでもよく見えるというだけです。ネコの好物はネズミですが、ネズミだけが餌食ではありません。ネコは鳥やウサギを捕らえるのも上手です。

ネコの敵と言えばイヌが思い浮かびますが、敵はほかにもいます。ネコをトーテムに持つ人はネズミとイヌの象徴的な意味合いについても研究してみましょう。ネコの神秘とパワーを理解するうえで参考になるはずです。

ネコを飼っているなら、愛猫の毛色、性格、しぐさを観察してください。ネコの特徴や伝説をテーマにした書籍はたくさん出ています。野生のネコであれ、飼いネコであれ、ネコがトーテムとして出現したときは神秘や奇跡を目撃する機会が増えるでしょう。

ネズミ

キーワード：達成力、まめ、そつのなさ
パワーのピーク：通年

ネズミを見ると、ほとんどの人はいやな顔をします。ネズミは感染症を媒介しますから、評判は芳しくありませんが、順応性のきわめて高い動物です。

中国の十二支において、子（ネズミ）年は始まりの年。言い伝えによると、あるときブッダが全動物に召集をかけたところ、集まってきたのは12頭だけで、その一番手がネズミだったとか。ブッダはその12頭をたたえて干支とし、最初の年をネズミ年としたそうです。子年生まれは野心家とされます。せわしなく神経質とも言われますが〝そつがない〟という評価は定着しています。

家ネズミは害獣かもしれませんが、野ネズミはとても有能です。聡明で、しばしば高い思考力を示します。各種の調査によれば、野ネズミは実験用のラットよりも頭がいいとか。

ネズミは、人間が駆除しようと努力してきたにもかかわらず、高い繁殖力を保ってきました。ネズミのトーテムは達成力を問うために私たちの元に現れたのかもしれません。今の自分はがんばりすぎなのか、がんばりが足りないのか、もっと強いモチベーションが必要ではないのか反省してみましょう。

ネズミは社交的で、チームワークを発揮しながら生存に努めます。食糧を備蓄し、倹約するという

興味深い習性もあります。適応力にかけては、ほかの哺乳類の追随を許さず、あらゆる環境下で生き抜く力をもっています。

家ネズミのなかで、ドブネズミがとくに有害とされるのは備蓄品を食い荒らすからです。可能であれば、ネズミの種類を特定してみてください。まずは家ネズミか野ネズミか判別してみましょう。

ネズミがトーテムとして現れるのは、いつになく気ぜわしくなっている証拠かもしれないし、万事をそつなくこなすように促しているのかもしれません。今の自分は日常の〝害獣〟にきちんと対処しているか、もっと柔軟な姿勢が必要ではないか自問してみましょう。あるいは、目標達成に向けた努力を加速させる必要があるのかもしれません。

ネズミのトーテムと出会ったとき、そのネズミはどういう振る舞いをしていたのか。それによって自分に授けてくれるパワーが分かるはずです。

ビーバー

キーワード：夢の構築
パワーのピーク：夕方、夜間

ビーバーは北米最大のげっ歯動物。昔はヨーロッパやアジアにも多くいましたが、現在の生息地はおもに北米大陸です。

ビーバーは水生に適しています。足に水かきが付いており、平たい尾で舵をとりながら上手に泳ぎます。肺の容量が大きく、15分くらいは水中に潜っていられます。ビーバーを見習えば、効率的で健康にいい呼吸法が分かるかもしれません。

水は感情や夢のシンボルです。一般の人が抱く夢と言えば、マイホームと家族をもつことでしょう。ビーバーはその夢を体現しています。ビーバーの夫婦は生涯添い遂げ、家族は仲睦まじく暮らします。ビーバーがトーテムとして現れたら、夢をかなえるチャンスが到来したと思っていいでしょう。ビーバーは家づくりの名人で、木を噛み倒してダムを作るという離れ業をやってのけます。巣の中に複数の水路を設置し、ダムの修復を欠かしません。このみごとな建築技術は古代の石工職人を連想させます。その歴史をひも解くと、ビーバーの神秘を知るヒントになるでしょう。

野生のビーバーの寿命は最長で12年。いちばん目立つ特徴は大きな門歯と尾です。ビーバーはいつも何かを噛んでいますが、それは歯が一生伸び続けるからです。噛むのをやめると、歯が伸びすぎて、物が食べられなくなります。歯を失ったビーバーはたいてい死んでしまいます。ビーバーをトーテムに持つ人はデンタルケアを怠らないように注意してください。

ビーバーの好物は樹皮で、とくにポプラの樹皮を好みます。ポプラのもつ意味合いもあわせて研究しましょう。ビーバーの巣作りは夫婦の共同作業です。一頭が木を噛んでいるあいだ、もう一頭は見張りを兼ねて休憩を取ります。噛み倒した木の一部は冬場の食糧として、ダムの中に備蓄します。

ビーバーは害獣と見なされがちですが、さまざまな形で自然界に貢献しています。木を噛み倒した跡には低木が育ち、シカなどの餌場になります。ビーバーが作るダムは農地づくりにも役立ちます。ダムで囲まれた池は大量の沈泥を含んでいますから、ビーバーが巣を離れてダムが決壊すると、肥沃な泥が現れます。

ビーバーがトーテムとして現れたら、こう自問してみましょう——人として持つべき希望や夢をもっているか。夢を修復する必要があるのではないか。自分も周囲も夢を見るだけで、かなえる努力していないのでは？　住まいをリフォームする時期に来ているのではないか。

夢の実現には行動が欠かせないことをビーバーは実感させてくれます。ビーバーを身近に感じたら、行動を起こしましょう。ビーバーのトーテムは夢の構築に一役買ってくれるはずです。

（オオツノ）ヒツジ

キーワード：新境地の開拓
パワーのピーク：晩秋、初冬

ヒツジにはシンボルとしての長い歴史があります。ヒツジと聞いて「いけにえ」を連想する人は多いでしょう。ヒツジはさまざまな理由から犠牲にされました。そうした記述は聖書のなかに頻繁に出てきます。モーゼは過越の祭り（ユダヤ教の祭り）で子羊をいけにえにしました。ギリシャ神話の英雄伝『イアソンと金の羊毛』に出てくるヒツジは「戦利品」「宝探し」の象徴です。

ヒツジがトーテムとして現われるのは何かが始まる予兆かもしれません。ヒツジがモチーフの牡羊座は占星術の最初の星座であり、春の星座です。春は始まりの季節。ヒツジのトーテムは「新しい環境に身を置きなさい」と告げているのでしょう。

ヒツジは十二支のひとつで繊細さや忍耐力を意味します。未（ヒツジ）年生まれはストイックにして控えめで、自分の気持ちをストレートに表現せず、浮世離れした印象があるといいます。

野生のヒツジは神話や民話が伝えるとおりの特徴を備えています。その力強さとスタミナはドキュメンタリー映画などで紹介されてきました。2頭のオオツノヒツジが角を交えて死闘を繰り広げる映像は、たびたび目にします。

オオツノヒツジは高地に生息し、青草や一部の薬草を食《は》みます。春から夏にかけて脂肪と被毛を蓄え、冬に備えます。

いちばんの特徴はみごとな角。オオツノヒツジをトーテムに持つと感受性が強くなるでしょう。興味や想像が広がり、それらを表現しないではいられなくなります。その衝動は、オオツノヒツジの角が年々成長するように、年を追うごとに強くなっていくはずです。

オオツノヒツジの角は武器であり、ステータスでもあります。生涯にわたって伸び続け、最後は渦を巻きます。渦という形状は豊かな創造力の表れです。そこに角の象徴性が加わると、渦の意味合いが強調されます。オオツノヒツジをトーテムに持つ人は感性、想像力、発想力がいつになく冴え、創作意欲も増すでしょう。

オオツノヒツジの若いオスは「角相撲」に興じます。自分の強さを誇示し、相手よりも優位に立とうとするのです。この戦いは秋にピークを迎えますが、秋はオスの序列が決まる時期。繁殖期に向けてメスの取り合いが始まると、お互いに飛びかかり、頭突きを食らわせ、角をぶつけ合います。この戦いは一方が降参するまで延々と続きます。オオツノヒツジをトーテムに持つ人は秋に成果を発表したり、新しいことにチャンレジしたりするといいでしょう。

オオツノヒツジの寿命は14年ほどですが、角が小さくなるにつれて余命も尽きてきます。角が大きいほど戦歴のある証拠です。角に刻まれる年輪のような線は年齢を表します。

オオツノヒツジには、シロイワヤギと同じく、ひづめがあります。足裏についた肉球はクッションと滑り止めの役割を果たします。高所からジャンプしても、柔らかい関節が着地時の衝撃を和らげます。着地には15センチ四方ほどのスペースがあれば充分です。

この点はオオツノヒツジをトーテムに持つ人にとって非常に重要な意味があります。新境地への入り口は狭き門かもしれませんが、思い切って飛び込んでみれば、足場は安定しているかもしれません。自分の足を信じて、新たな一歩を踏み出しましょう。

オオツノヒツジがトーテムとして現れたら、次のことを（自問するだけではなく）具体的に検討してください。与えられたチャンスを充分に生かしているか。地に足をつけて高みを目指しているか。物事を計画的に進めているか。口先ばかりで行動が伴っていないのでは？　オオツノヒツジのトーテムに学べば、理性と感性を働かせながら、新しい目標や新たな境地を目指せるでしょう。

ヒョウ

キーワード：地力の発揮
パワーのピーク：無月期、新月、冬

ヒョウは太古の昔から存在感のあるトーテムです。地域によっては「パンサー」「ジャガー」を指すこともありますが、ここではヒョウとして扱うことにします。

ヒョウはネコ科の大型種であり、勇ましさの象徴です。同じネコ科のトラやライオンと同様に攻撃性や豪胆さを体現していますが、太陽をイメージさせる要素はありません。黒ヒョウは月に関連があります。

種ごとの特徴を調べると、トーテムとしての役目が具体的に分かるでしょう。パンサーはアフリカ、小アジア、中国、インドに多く見られます。ジャガーはアメリカ南西部、南米の一部地域、メキシコ、中米に生息します。ヒョウがトーテムとして現れたら、その生息地を調べることでパンサーなのかジャガーなのか見当がつきます。ただし両者は動物としてもトーテムとしても共通点がたくさんあります。

パンサーはトラやライオンよりも小柄ですが、獰猛です。意識的に動かせる随意筋が全身に５００以上あります。それはヒョウをトーテムに持つ人の個性と才能そのもの。つまり、その気になればマルチな才能を発揮できるということです。問題は心、体、魂の「随意筋」をいかに使うかでしょう。

ヒョウは基本的に単生です。社交性がないわけではありませんが、ひとりで行動し、自分の縄張りで過ごすときがいちばん気楽のようです。ヒョウをトーテムに持つ人もマイペースで孤独を好む傾向があります。

ヒョウは美しさと機能性を兼ね備えています。身のこなしは優雅でスムーズ。動きを止めるときは、ぴたりと静止します。物音を立てずに歩き、走り、狩りをします。ヒョウをトーテムに持つ人は黙々と努力してこそ最大の成果を得られます。グチをこぼしてばかりいると、ゴールは遠ざかってしまうでしょう。

ヒョウは俊足ですが、長距離を走るのは得意ではありません。ヒョウをトーテムに持つ人はペース配分に注意し、休養や息抜きを上手に入れることが必要。仕事に没頭するあまり、無理を重ねてはいけません。無理をすれば、息切れを起こすでしょう。ヒョウをトーテムに持つ人は日常のどんな場面でも、問題の解決にいち早く乗り出します。とくに仕事の期限や重圧にうまく対処できます。

ヒョウの夫婦が一緒にいるのは短期間だけで子育て中のメスは干渉を嫌います。ヒョウをトーテムに持つ女性も、そんな傾向があるようです。育児について他人（パートナーや夫を含めて）から口出しされるのを嫌がります。母ヒョウはほぼひとりで子を育てますが、ヒョウをトーテムに持つ女性も同じです。それは夫がいてもいなくても変わりません。

ネコ科の動物は人間と同じで両眼視野があります。左右の目で立体的に対象をとらえ、奥行きや距離を測ることができます。ヒョウをトーテムに持つと、人生観、世界観、人間観が変わるでしょう。それも達観の域に達するかもしれません。

普通なら、修業や瞑想を経て心の眼が開くものです。ヒョウをトーテムに持つ人はこの世に生を受けたときから心の眼が開いていますから、たとえ悟りの境地に達したことがなくても失望することはありません。自分の直感や心に浮かんだことをそのまま信じればいいのです。きっと真実を反映しているでしょう。

ヒョウをトーテムに持つと心の耳も覚醒し、異界の住人の声まで聞き取れるようになります。ヒョウは聴覚にすぐれ、音のする方向に耳を動かすこともできます。

ヒョウの皮膚は刺激に敏感で、とくに顔面がデリケート。ヒョウをトーテムに持つと、触覚が鋭くなるのを感じるでしょう。皮膚はもっとも面積の広い感覚器官。私たちは思う以上に肌でさまざまなことを感じ取ります。ヒョウをトーテムに持つ人は誰かに触れたり、触れられたりするときの感覚の変化に注意してください。

さきほども言ったように、ヒョウの顔面は非常に繊細です。ヒョウをトーテムに持つと、サイコメトリーの能力が開花するかもしれません。通常のサイコメトリーは相手の手から気を読みますが、ヒョウをトーテムに持つ人は相手の頬や額に触れるほうがインスピレーションを得やすいようです。

触覚の冴えは全身の皮膚におよび、最後は舌も敏感になるでしょう。ヒョウがトーテムとして現れると、スキンシップに反応しやすくなり、性感が高まるかもしれません。官能と性愛は女性的な感覚です。

ヒョウが活動的になるのは闇の刻です。それはヒョウを、とくに黒ヒョウをトーテムに持つ人にも当てはまります。ヒョウのパワーがピークを迎える時期は冬。月のサイクルで言うと、無月から新月にかけてです。

パンサーは甘い息で獲物をおびき寄せるといいます。そして首の後ろに噛みつき、とどめを刺します。獲物に正面から飛びかかるのではなく、背後から不意打ちを食らわすのです。ヒョウをトーテムに持つ人も正面きって勝負をいどむことはないと思いますが、そのほうが性に合っています。相手にじりじりと接近し、充分に近づいたところで攻撃を繰り出すべきでしょう。パンサーをトーテムに持ったら、勝負に遊びは不要。急所を一発で仕留める「瞬殺」が似合います。

ジャガーも獲物に忍び寄りますが、パンサーよりも荒っぽい印象。俊敏でパワフルなジャガーは相手の側頭部に噛みつきます。その歯牙は獲物の頭蓋骨を貫通することもあります。前足の一撃だけで相手の首を吹き飛ばすことも可能。ジャガーをトーテムに持つ人は感受性が強く、戦い方を本能的に知っています。そのぶん攻めても守っても、相手に致命傷を与えかねません。ジャガーをトーテムに持つ人は手加減を覚える必要があります。そうでないと必要以上に相手を傷つけてしまうでしょう。

ヒョウのなかで、もっとも神秘的な力を宿すとされるのが黒ヒョウです。黒ヒョウは女性、母性、無月、闇夜を象徴し、地上に降臨した女性的パワーの化身と言われます。そして暗黒、死、復活のシンボルです。人間は本能的に闇と死を恐れます。黒ヒョウは闇と死を表し、それを受け入れるように促します。闇と死の恐怖を克服すれば、両者のパワーを味方につけられるでしょう。

黒ヒョウのトーテムは眠っている情熱を呼び覚まします。その情熱は野性のパワーとも、活性化したクンダリーニとも解釈できます。黒ヒョウを語るキーワードは「地力の発揮」です。

神話や教典をひも解けば、ヒョウのトーテムにまつわる話は世界各地にあることが分かります。ギリシャ神話では「百目のアルゴス」のモチーフとなり、人間の娘イオを守りました。アルゴスの死後、100の目はクジャクの羽の斑になったといいます。ヒョウのトーテムは守護が使命です。

また、ヒョウはイエスともゆかりが深く、初期ユダヤ教の注釈書にはイエスの父ヨセフの姓が「Panther（ヒョウ）」とあり、人間が「Panther の息子のイエス」によって癒される経緯が記されています。ヒョウは蘇生を告げるトーテム。死と苦しみを乗り越えた先には復活が待つことを教えています。そこには長年の問題が解決し、古傷が癒えるという含みがあります。トラウマが癒えたあかつきには傷つき、失ったパワーが戻ってくるでしょう。

ヒョウは志を果たす冒険へと私たちをいざないます。ギリシャ神話の英雄たちは神と人間の女性との間に生まれました。それは偉大な志と母性を授かったということです。天命とともに生まれた英雄たちは、やがて自分の限界に挑戦します。そして自分に打ち克ち、空前の進化と浄化を遂げるのです。そうした英雄記が伝えているのは、どれほど傷ついた者でも愛と希望に導かれて立ち直ることができるということ。ヒョウのトーテムは、そんな旅の始まりを告げます。

ヒョウをトーテムに持つと、自分を導き、見守ってくれる人物が現れるでしょう。その人物はこの世に存在する「もうひとつの現実」です。克己の旅に出ると、知られざる現実を自分の目で見ることになるでしょう。

「もうひとつの現実」もヒョウのパワーもセックスを暗示します。どちらも「性に関するトラウマに決着をつけなさい」「性のパワーを生きる原動力に変えなさい」と助言しているのかもしれません。いずれにしても自分の欲求を受け入れ、どう対処すればいいのか考える必要があるでしょう。

ヒョウは復活と守護を象徴します。失ったものを取り返すチャンスが到来したこと、失ったものが強く、大きく、価値あるものになって返って来ることを予言しています。

ニーチェは「生あるかぎり、すべてが試練だ」と言いましたが、ヒョウのパワーを授かった人は、この言葉をかみしめるときが来るでしょう。幼少時代のトラウマや劣等感が蘇り、試練となって立ちはだかるかもしれません。

そんなとき、ヒョウのトーテムは克己の旅にいざなってくれます。旅の目的は強くなることだけではありません。遠い昔に失ったものを取り戻し、野性を呼びさますことも目的のひとつ。ヒョウのトーテムは眠っていた地力を引き出し、その力を理性的、戦略的に発揮できるように導いてくれます。復活のときは、もうすぐです。

プレーリードッグ

キーワード：コミュニティ
パワーのピーク：春、夏

哺乳類のなかで（オオカミは例外として）理想的な共同体を作らせたら、プレーリードッグの右に出る者はいません。プレーリードッグのコミュニティはいつも活気にあふれています。リスの仲間のプレーリードッグは2種類に大別できます。ひとつは平原に生息するオグロプレーリードッグ、もうひとつは山岳地帯に暮らすオジロプレーリードッグですが、後者は前者ほど社交的ではありません。

プレーリードッグはトンネルをめぐらせた「地中の町」で集団生活を送ります。各自の住居（巣穴）には専用のトンネルと複数の部屋があります。地中の町はいくつものブロックに分かれていて、一ブロックに一家族が暮らします。

プレーリードッグが巣穴を掘ると、地上に土の山ができます。この山が巣穴の玄関代わり。プレーリードッグは玄関周辺の植物を切り倒して見晴らしを確保し、天敵に目を光らせます。見張り役は危険を察知すると、かん高い鳴き声を上げて仲間に知らせます。

プレーリードッグを捕食していたクロアシイタチは、もはや野生に存在しません。現在の天敵はフクロウとヘビ。プレーリードッグをトーテムに持つ人は両者についても研究しておきましょう。

プレーリードッグは草食性で、水はほとんど飲まず、植物から水分を補給します。冬場は、体内に蓄えておいた脂肪をエネルギー源にします。

プレーリードッグをトーテムに持つ人は野菜を充分に摂取しているかどうか反省しましょう。新鮮な野菜を十分に食べていれば、水分補給にさほどこだわる必要はないかもしれません。プレーリードッグをトーテムに持つと、光に過敏になりやすいので、サングラスを活用しましょう。プレーリードッグの目の水晶体はオレンジ色で、強い日差しから目を守っています。そのおかげでプレーリードッグは日光浴を楽しむことができるのです。

プレーリードッグはとても社交的。キスやハグを交わし、お互いに歯を合わせて挨拶します。プレーリードッグがトーテムとして現れたら、自分の社交性について考えてみましょう――自分や周囲の人は社交的か非社交的か。人との交流が必要なのに、避けているのでは？　もっと積極的に愛情表現すべきではないのか。

コミュニティ（家庭、職場、地域社会）との関わり方についても、コミュニティ活動に積極的に参加しているかどうか考えてください。

プレーリードッグが現れたのは帰属意識や自分の役割を改める必要があるからでしょう。改めるまでに5～7年かかるかもしれません。プレーリードッグの平均寿命も5～7年です。

プレーリードッグは穴を掘る習性があります。プレーリードッグをトーテムに持つと、人生をどこまで掘り下げてきたのか問われるかもしれません。人に深く関わってきたか、深入りしすぎていないか自問してみましょう。

プレーリードッグを害獣扱いし、駆除しようとする人は多いようです。しかし、プレーリードッグは自然界で大切な役目をになっています。巣穴を掘るついでに土を耕してくれるので、周辺の植物がよく育ち、雨水が浸透しやすくなります。プレーリードッグがトーテムとして現れたら、コミュニティに積極的に関わりましょう。帰属意識を変えることが必要です。他人の目を気にせずに自主的に参加してください。

ライオン

キーワード：女性のパワー、太陽の母性
パワーのピーク：通年

ライオンはネコ科のなかで2番目に大きい動物です。ネコ科に共通する特徴の大部分はライオンに当てはまります。ライオンの生息地はアフリカのサバンナ地帯。ライオンをトーテムに持つ人はサバンナ地帯の意味合いもあわせてリサーチしましょう。ライオンの好物のレイヨウについても研究したいところです。

ライオンの象徴性は時代とともに変化してきましたが、伝統的に太陽と黄金のシンボルです。初期のキリスト教徒は「地上のワシ」、中世の錬金術師は「地上の硫黄」と見なし、ライオンの子は日の出の象徴とされました。

ライオンは「プライド」と呼ばれる群れをつくって生活します。ライオンがトーテムとして出現したら、チームの一員としてのあり方が問われるでしょう。組織内での自分の役割を見直す必要があるのかもしれません。

狩りがうまいのはメスのライオンです。ライオンはもともと狩りが得意なほうではありませんが、集団で獲物を仕留める技術を身につけてきました。とは言え、狩りと子育てはメスがほぼ一手に引き受けます。ライオンは子煩悩ですが、ライオンをトーテムに持つ人も同じ傾向にあるようです。

オスのライオンは立派なたてがみがトレードマーク。仕事らしい仕事はほとんどしませんが、メスに対しては情熱的で非常に嫉妬深いようです。そして群れを外敵から守ります。狩りのときは雄たけびを上げて獲物を威嚇し、仕留め役のメスのもとへ追い立てます。オスのライオンをトーテムに持つ人は、自分が所属する組織にどれほど貢献してきたのか反省したほうがいいでしょう。もっと貢献できることはないか、仲間を守ろうとする気持ちに欠けていないか、もっと協力的になったほうがいいのではないか考えてください。

ライオンは本来、争いを好みません。できるだけ対立を避け、危険な状況から退散しようとします。ライオンの狩りは「不意打ち作戦」が主流。獲物を仕留めるときも、はがい絞めにすることが多いようです。ライオンをトーテムに持つ人はこのスタイルを見習ってください。狙った獲物は忍び寄って射止めるほうが成功率は高いでしょう。

ライオンの子が日の出の象徴とされることには大きな意味があります。群れの大黒柱がメスであることを考えると、日の出は女性の台頭を表しているのでしょう。太陽が男性のシンボルとは限りません。太陽は新しい一日を生み、地上の命を温め、育みます。ライオンを女性になぞらえることは、けっして飛躍ではないでしょう。

ライオンがトーテムとして現れるのは新しい太陽が昇るとき。自分のなかの女性的なパワー——直感、創造力、想像力を信じれば、人生に新しい光が差すでしょう。そして自分を脅したり、見下したりする相手には遠慮なく吠えることです。

リス

キーワード：行動力、将来への備え
パワーのピーク：通年

リスはなじみの深い小動物で、げっし類の一種。せわしなく走り回る姿をたびたび見かけます。いつ見ても忙しそうで、追い立てられているような印象です。リスは非常に社交的ですが、見知らぬ同類には警戒感を示します。木の実などのエサを見つけると、地面に穴を掘ってストックします。嗅覚が発達しているので、エサの隠し場所を忘れても、においを頼りに探し当てます。

リスはハイイロリスとエゾリス（キタリス）に大別できます。前者は都市部で見かけることが多く、後者はたいてい森に生息しています。

エゾリスは森の番人です。自分の縄張りによそ者が入ってくると、わめき声を上げます。まるで不審者の侵入を森じゅうに知らせているかのようです。エゾリスはハイイロリスよりも小柄ですが、ハイイロリスよりも気性が荒く、戦闘能力が高いとされます。エゾリスをトーテムに持つ人は、天敵のテンについてもリサーチしておきましょう。エゾリスは年に2回出産し、一度に2～7匹を産みます。子供は生後3カ月ほどで独り立ちします。エゾリスがトーテムとして現れたら、3カ月という周期を意識するといいでしょう。

ハイイロリスはリスのなかでもっとも活動的。冬ごもりはせず、木の上や幹の穴に巣を構えます。

その巣は大部分が円形で、側面に出入り口があります。ハイイロリスはエゾリスよりも大きいけれど、エゾリスにケンカを売られると退散してしまいます。天敵はキツネ、そしてフクロウやタカなどの猛禽類です。ハイイロリスも年に2回出産し、生まれた子は生後3カ月ほどで独立します。

リスは例外なく社交的で、仲間同士でじゃれ合うのが好き。観察力にすぐれ、物まねが得意です。リスは仲間の動作を真似ることで多くを学びます。リスをトーテムに持つ人は「習うより慣れろ」をモットーにしましょう。

リスは話し好きです。ひまつぶしに仲間とおしゃべりする声が木の上からよく聞こえてきます。ふさふさしたしっぽもコミュニケーションに一役買っています。リスはしっぽを動かして感情を表現するのです。

リスの個性は千差万別で、トーテムとしての役割も1匹ずつ違います。リスがトーテムとして現れたら、日ごろの行いと将来への備えを反省しましょう――自分は無駄な動きをしていないか。行動力は充分か。数日先、数年先の予定はあるか。空回りしているのでは？　お金、時間、体力などの資源を上手に配分し、蓄えているか。そうした資源をキリもなく求めていないか。貯めることに執着していないか。貯めるばかりで活用することを忘れているのでは？

リスは「貯蓄」と「支出」のバランスを教えてくれる先生です。そのバランスが崩れているからこそ、リスのトーテムが現れたのかもしれません。リスは備えの名人ですが、目標を達成するには人との交流も必要であることを教えてくれます。仕事と遊びを両立させましょう。そのほうが仕事の成果も上がります。

ロバ

キーワード：英知、謙虚さ
パワーのピーク：通年

ロバの現在のイメージは芳しくないようですが、歴史をたどれば、かならずしもそうではありません。ほかの動物と同じように、ロバの象徴性も時代とともに変化してきました。ロバは占星術では土星に関連づけられますが、それは土星が厳格な先生だからでしょう。土星は私たちが教訓を学んだかどうかを追求します。そこからロバは頑固の代名詞になりました。

中世社会では忍耐と謙虚さのシンボルとして紋章や絵画のモチーフになりました。

キリスト教のグノーシス派は、エルサレム入りするイエスにロバをからめました。この一節は新約聖書で言う「シュロの主日」です。白いロバに乗って現れたイエスを、シュロの枝葉を持った民衆が出迎えます。

この歓迎セレモニーは有望な者に対する通過儀礼とも解釈され、将来性が公認されたことを表します。白いロバは英知の目覚めを、シュロの枝葉は達成を意味します。

ロバがトーテムとして出現したときは自分の胸に聞いてみましょう――私は自分の知恵を生かしているか、それとも人の知恵を借りているだけなのか。自分の功績を謙虚に受け止めているか。周囲の人はどうだろう？　自分の功績を正当に評価しているか。周囲の人たちは自己評価が低くないだろうか。

ロバのトーテムは英知の覚醒とさらなる飛躍を意味します。このチャンスを逃してはいけません。過去の栄光にしがみつくのはやめましょう。今までの実績はゴールではなく通過点です。現状に満足している場合ではありません。ロバのトーテムが告げているように、知恵をたくわえ、飛躍するチャンスが待っているのですから。

第Ⅳ部　昆虫と爬虫類のユニークな言葉

7

昆虫の世界をのぞく

昆虫もトーテムになり得る

虫に遭遇したとき、たいていの人は独特の反応を示します。ギョッとする人、感動する人、なかには見ないふりを決め込む人もいますが、昆虫は地球に暮らす動物群のなかで最大のグループです。その種類は80万以上とも言われ、細かく分類されています。

昆虫には生物としてもシンボルとしても古い歴史があります。人間は太古の昔から昆虫に人の姿を重ね合わせてきました。擬人化と言われればそれまでですが、そうするだけの根拠があることも事実。昆虫が人に見立てられたのは人間を連想させる特徴があるからです。動物に人間並みの知性があるとは言いませんが、動物の行動や習性を知れば、野性の知恵を備えていることは明々白々でしょう。

現代のシャーマンは「昆虫のトーテムに警戒せよ」と言います。昆虫が宿す知恵や精霊はあまりに原始的で扱いにくいようです。しかし、その判断は個人にゆだねるべきでしょう。シャーマンの警告にもかかわらず、古今東西の社会は昆虫をトーテムにしてきました。

アフリカのブッシュ族にとって、カマキリは動物界のブッシュマンです。ブッシュ族の伝説や昔話にはカマキリの教えと神秘が頻繁に登場します。アメリカ先住民にとって、クモは万物の創造主であり、新しい命を紡ぐ存在です。中世の人々はトンボを小さなドラゴンになぞらえ、異界への案内役としました。動物はみな同じだと思うのは大きな間違いです。動物の言葉を理解するには、その動物ならではの個性や特徴を知ることが欠かせません。それを知って初めて自然界での役割やトーテムとしての役割が分かります。

昆虫に共通する特徴を知ったうえで、よく見かける種、気になる種について個別に調べましょう。めずらしい昆虫には特に要注意です。

昆虫の生態

世間では小さな虫、気味の悪い虫、芋虫などをまとめて「昆虫」と称しているようですが、それはかならずしも正しくありません。原則として昆虫の体は頭、胸、腹の3つから成り、胸部には節のある脚が3対6本、翅《はね》が2対4枚ついています。頭部に2対の触角をもつものもたくさんいます。

クモは8本脚で触角がありません。目は単眼で小さく、頭部と胸部の別もありません。昆虫と同じ節足動物ですが、グループは違います。本書では便宜上、クモを昆虫のトーテムに含めました。

昆虫の要領の良さは私たちも見習うべきです。昆虫は多種多様で、名のない昆虫が全体の3分の1から2分の1を占めると言われます。昆虫はタフです。昆虫の持つ知恵は驚異的で、人間と同じ仕事を人間よりも能率よくこなします。食糧（キノコ類）を栽培し、家畜ならぬ「家虫」を飼い、ハイレベルな組織を作って集団生活を営むものもいます。

昆虫という生物群が繁栄してきた理由は、おもに6つあります。1．翅があるので広く分布できます。2．環境や気候への適応力が抜群。3．防具の代わりになる外骨格で全身が覆われています。4．体が小さいので生きる糧をさほど必要としません。5．特殊な生殖機能を備えています。交尾後のメスは受精のタイミングを自力でコントロールし、生育環境が整うまで受精を先延ばしにできます。6．変態します。昆虫は何度も（通常4回）姿形を変えながら成虫になります。

こうした特徴を象徴的に解釈することで、トーテムとしての昆虫が私たちをどう支えてくれるのかが分かります。むろん昆虫がトーテムだからといって、翅が生えて飛べるようにはなるわけではありません。しかし、現状に甘んじてはいけないという戒めにはなります。昆虫のトーテムは「一カ所にとどまらず、新天地を開拓しなさい」と伝えているのかもしれません。

私たちは昆虫と違って外骨格を持ちませんが、周囲のオーラに注意し、自らのオーラを鍛えることで自分の身を守ることができます。私たちも昆虫にならってあまり欲張りにならず、無駄を省く努力が必要です。多くの人が志半ばで挫折するのは、大きなことを一気にやろうとするからでしょう。それよりも小さな努力を積み重ねるほうが成果は上がります。また、条件が整うまで受精を見合わせるという昆虫の知恵はいろいろな場面に応用できそうです。例えば、世界の人口問題を解決するヒントになるかもしれません。

最後に、昆虫の変態は何を意味するのでしょう。私たちの人生に変化はつきものです。その自然の流れに逆らうと、生きづらさやリスクが増してしまうでしょう。変化のあるところに成長がありま す。古い自分を脱ぎ捨てなければ、新しい自分は生まれません。変態は昆虫だけが宿す神秘。昆虫のトーテムはまさに生命の神秘を伝える存在です。

人間も生物学的、生理学的に大きく変わる時期があります。幼少期、思春期、成人期です。しかし人間の場合はそれ以外の時期にも変化が必要であり、別の次元で変わることがあってもよいのです。私たちが一生のうちに生み出すものには、すべて段階があります。それは昆虫の四変化と符合します。昆虫もアイデアも創作も最初は「卵」。やがて卵が孵化して毛虫になり、毛虫はまゆを作ってさなぎになります。まゆから出てくるのは「完成」した命。完成した命にはたいてい翅が生えています。

最終段階で翅が生えるというところに大きな意味があります。昆虫の翅の象徴性は鳥の羽と同じです。そして、成虫が繭から出てくるのは決まって春です。つまり、昆虫は最高のタイミングで創造物を世に送り出すことができます。翅は成虫の勲章であり、成熟のあかし。成虫になると命が続くかぎり空中を飛ぶことができます。

昆虫の変態には何かを生み出し、形にするためのヒントが満載です。昆虫をトーテムに持つ人も、持たない人も、昆虫が幼虫から成虫に変わるプロセスを研究してみましょう。昆虫を見ていると、私たちは一瞬たりとも同じ状態ではないことを実感します。人間もつねに変化しています。変わらないのは変わることだけですが、変化は創造の母です。

昆虫の多くは共同生活、集団生活を送ります。ミツバチ、スズメバチ、アリはその代表です。これらの昆虫は社会性昆虫と呼ばれ、各自の仕事や役割をもっています。昆虫のトーテムは社会性、帰属意識、コミュニティへの貢献を体現しているのです。

昆虫の大部分は胸部か腹部の気門で呼吸しています。その呼吸法にならって細胞呼吸のテクニックを応用できれば、全身の機能を向上させられるかもしれません。このような複式呼吸はヨガや道教などの東洋伝来の呼吸法に通じるものがあります。

昆虫のパワーと習性

どの昆虫にもその種ならではの特徴と習性があります。それを参考にすると、自分のエネルギーのどこが活発で、どこが低下しているのか分かるでしょう。昆虫に学ぶには昆虫を研究するしかありません。とくに主だった特徴に注目したいところです。例えば、アリは体重の50倍の重さがある石を持ち上げられます。ミツバチは体重の300倍の物資を運ぶことができます。

このような特性は、その昆虫のパワーや象徴性を反映します。昆虫が見せる驚異のパワーは理屈で解釈できることもあれば、象徴的な意味合いを含む場合もあります。昆虫が怪力を発揮できるのは筋肉のつくりが人間と違うからです。人間の筋肉の数は800に満たないのですが、バッタのそれは900を超えます。バッタを含めた昆虫の多くはスタミナも抜群です。

昆虫は自衛やサバイバルに役立つ手段をたくさん備えています。この点も研究する価値があります。自衛手段として有名なのは体の色を保護色に変えるカムフラージュ。そのほか外殻や繭で身を守るものもいれば、爪、針、牙、分泌物で応戦するものもいます。自分のトーテムはどんな武器を持っているのか調べてみましょう。自分も似たような武器を使うことはないか、使ったほうがいいのか、それとも使い方を間違えていないか考えてください。

昆虫の天敵は昆虫です。これは人間も同じ。人間の敵は人間です。自分を傷つけてしまった、自分を敵に回してしまった――そんなセリフを聞いたことはないでしょうか。何をやってもうまくいかないとき、昆虫が目の前に現れたら、やるべきことをやっていないのではないかと反省してください。

人間は環境とじかに接しています。皮膚や感覚器官を覆うものは何もありません。しかし、昆虫は違います。外骨格に覆われているため、周囲を感知するにはセンサーが必要です。

主なセンサーは触角です。触角や角といった頭部の器官は意識、本能、感性のめざめを意味します。昆虫はたえず触角を動かして、あたりをうかがいます。昆虫の感覚は神秘学で言うサイコメトリーに例えられます。サイコメトリーとは、触れることで相手を読み取る能力です。物や人に触れたり、接近したりして、相手が発する波動を感知します。

昆虫の触角は形も大きさもまちまち。視覚が劣る種ほど、触角が大きいと言われます。昆虫は触角をとおして対象に触れ、においや味や温度を確かめます。触角で音を立てることもあります。触角には感覚毛という微細な毛があり、それが受容体の役目を果たします。

昆虫の触覚は非常に発達しており、脚、胴体、触角には無数の感覚毛が生えています。昆虫をトーテムに持つ人も触覚が鋭くなるでしょう。周囲の人間や空気に過敏になっていないか、注意力が散漫になっていないか、コミュニケーション不足ではないか、心の問題が気になって体調管理を怠っていないか自問してみましょう。

昆虫をトーテムに持つと、感触が鋭くなるかもしれません。皮膚は私たちの全身を覆う外皮であり、最大の感覚器官です。その役目は保護と感知。皮膚は繊細さと自己価値を象徴し、新陳代謝が活発なことから、誕生と再生を意味します。

昆虫のトーテムが現れたのは、感じ方に問題があるからかもしれません。他人や自分の気持ちに鈍感になっていないか、そうやってストレスを避けていないか、ストレスの原因はどこにあるのか。

昆虫の聴覚は鋭く、超音波さえキャッチできるほど優れています。昆虫の聴覚器官は脚と腹部にあり、周囲の振動をキャッチします。昆虫をトーテムに持つ人は「聞く耳」を養うといいでしょう。聞こえる言葉だけでなく、聞こえない言葉にも耳を傾けましょう。ボディランゲージに注目し、感じ取ったことを信じましょう。

昆虫は声を持ちませんが、体の一部をこすり合わせて音を立てます。その摩擦音はコミュニケーションツールとして求愛や威嚇に役立ちます。昆虫は情報をやりとりするのにさまざまな手を使います。例えば、スキンシップ、音、ダンスです。アリ同士は触角を合わせ、バッタは翅をこすって音を出して意志の疎通を図ります。ハチはダンスをとおして蜜のありかを仲間に知らせます。

昆虫の視覚はあまり発達していません。鮮明に見える範囲はせいぜい半径1メートルほどです。人間ほどの視力はありませんが、複眼なので周囲の微細な動きを正確に察知します。その神秘の力は「細かい仕草や声色の変化を観察するように」と私たちに促しているのかもしれません。

昆虫は言葉を使わずに細やかなコミュニケーションを取ります。私たちも見習って、ためしに言語（会話も文字も）を使わずに一日を過ごしてみましょう。コミュニケーションにはジェスチャー、姿勢、しぐさ、声、スキンシップを用います。言葉はなくても、意思の疎通が図れることが分かるでしょう。それが昆虫ならではの神秘と驚異であり、昆虫のトーテムに共通する最大のパワーです。

神話や民話に登場する昆虫たち

これから紹介する昆虫のトーテムはごく一部です。鳥類や哺乳類のトーテムに比べて項目が少ないですが、昆虫は種類が多すぎて全部をカバーするのはとうてい無理です。また、クモは昆虫の仲間ではありませんが、ここで紹介するのがいちばん適していると考え、この中に含めることにしました。

この章で取り上げるトーテムは神話や昔話によく登場するものばかり。トーテムアニマルを題材にした物語やその時代背景はトーテムを理解するための参考になりますし、自分の前世を知るヒントにもなるでしょう。各昆虫の生態についての詳細な説明は省くことにします。

昆虫のトーテムも個別に研究する価値があります。種ごとの習性や特徴をチェックしましょう。昆虫を見かけたとき、それは何をしていたか。時期はいつごろだったか。その昆虫に出会った理由に心当たりはあるか。その3日前までに変わったことはなかったか検証してください。

次のトーテム事典では「パワーのピーク」を省きました。昆虫のパワーのサイクルは季節、寿命（昆虫は比較的短命）、その時々の容態（幼虫、さなぎ、成虫など）によって変わるからです。一般的に昆虫の活動は春と夏にピークを迎え、秋に入ると低下し、冬場は休止状態になります。忘れないでください。どんなにグロテスクな毛虫でも、私たちが耳を傾ければメッセージを発してくれます。

トーテムアニマル辞典

昆虫

アリ……271
カブトムシ……273
カマキリ……274
クモ……276
チョウ……280
トンボ……282
バッタ……285
ミツバチ……287

アリ

キーワード：勤勉、秩序、規律

アリは昔から働き者の象徴です。そう言われるのは『イソップ物語』の〝アリとキリギリス〟の影響が少なからずあるのでしょう。アリは「賢い努力家」とも称されます。アリにもさまざまなタイプがあり、群れをなさない種もいますが、大部分は大所帯で生活します。アリの生活は単調と思われがちですが、それは大きな間違い。たしかに単独で行動するときのアリは動きが乏しいですが、組織の一員としては八面六臂の活躍を見せます。

アリには社会性があり、共同体（コロニー）に貢献することが活動の中心です。おもな仕事はエサの調達、捕獲、栽培。そう、一部のアリはキノコを栽培するのです。仲間内で物々交換し、よそのアリを奴隷にして働かせることもあります。

アリのコロニーにはたいてい規律と序列があり、各メンバーは自分の立場をわきまえています。アリの階級は3つに大別できます。コロニーの母である「女王アリ」、女王の交尾相手を務める「雄アリ」、育児と労働に従事する「働きアリ」です。

女王アリには翅があり、受精するまで空中を飛ぶことができます。しかし、受精後は自ら翅を落とし、飛ぶ能力を犠牲にして出産に備えます。女王アリの寿命が12年を超えることはほとんどありません。アリをトーテムに持つ人は目標の設定から達成までに12年かかるかもしれません。日数であれ、月数であれ、年数であれ、12という区切りに意味があります。数秘術に興味のある人は数字の12が何を意味するのか研究してみましょう。

働きアリは優秀な建築家です。趣向を凝らした巣を作り、回廊や丸天井までしつらえます。その技術とたゆまぬ努力はアリが発するメッセージ。アリのトーテムは人生設計、人生構築の師です。夢を形にするための極意である「努力なくして成功なし」を身をもって示しています。

アリがトーテムとして現れたら、自分の日ごろの努力を次のように評価しましょう。

与えられた仕事にまじめに取り組んでいるか。自分も周りもラクなほうへ流されているのでは？　肝心な義務を忘れていないか。基礎固めはできているか。仕事や勉強や趣味において、毎年新しいことに挑戦しているか。努力を続けるだけの忍耐力はあるか。自分に対して短気を起こしていないか。人に対してはどうだろう？　物事を必要以上に難しく考えていないか。新しいことを始める機会を逃していないか。

アリを見ていると、努力しだいで人生は立て直せるのだと分かります。自他ともに幸せになるにはチームワークが欠かせないことが実感できます。厳しい条件下でも、まじめに努力すれば結果は必ずついてくる――それも最高の結果が最高のタイミングでついてくることが分かるでしょう。アリのトーテムは「継続は力なり」を実証しているのです。

カブトムシ

キーワード：再生、復活

昆虫のなかで、もっともバリエーション豊富なのがカブトムシです。その数、なんと28万種。ちなみに節足動物は魚類、爬虫類、両生類、鳥類、哺乳類を合わせても4万4000種と言われます。

古代エジプト人はフンコロガシを神聖なカブトムシとして崇拝していました。フンコロガシは牛の糞を東から西へ転がし、団子状にします。その中に卵を産みつけ、地中に埋めます。そして約1カ月後に地中から掘り出し、水中に落とすと、孵化した幼虫が中から出てきます。東から西へとフンを転がす習性は太陽の動きに例えられ、フンコロガシは太陽神や新しい人生のシンボルになりました。

カブトムシも、多くの昆虫と同じように、脱皮を繰り返しながら成虫になります。カブトムシは再生と成長の象徴。羽化の段階で前翅が厚くなり、それが硬くなって鎧の役目を果たします。カブトムシのトーテムは私たちの無防備さを戒め、ガードを固めるように警告しているのでしょう。

カブトムシがトーテムとして現れるのは自分を変える時期に来ているからかもしれません。自分は変化の途上にあるのではないか。そうだとしたら、今はどの段階？　どこを改めればいいのか。新しい光が必要なのでは？　過去の自分を取り戻すときなのか、脱ぎ捨てるときなのか。カブトムシのトーテムならヒントをくれるでしょう。

カマキリ

キーワード：沈思黙考のパワー

カマキリは神話や民話でおなじみの昆虫です。中国発祥の蟷螂拳《とうろうけん》はカマキリの動作を模した武術です。

何よりもカマキリの魅力を伝えているのはアフリカの民話です。アフリカのブッシュ族はカマキリをブッシュマンの化身と考え、カマキリを主人公にした冒険談を伝えてきました。そのなかでカマキリはトラブルを抱えると、決まって身を隠し、眠りにつきます。そして夢の中で悩みや問題を解決します。

そこにカマキリを象徴するキーワードがあります。それは沈思黙考のパワー。心を静め、自分の内面に意識を集中させることで、肉体、感情、精神、魂のエネルギーがそれまでになく満ちてきます。考えごと、瞑想、睡眠、夢を見ることにも同様の効果があります。

古代の秘教徒は沈黙のレベルを7段階に分けました。第1段階の「思索」から最終段階の「死」に至るまでに生命力は大幅に増加するとされます。それはカマキリが発するメッセージにも通じます。心を落ち着かせることで、いざとなったら正確に、確実に、エネルギッシュに行動できるのです。

辞書を引くと、カマキリの語源はギリシャ語の「預言者」とあります。カマキリのように平静を保てば、将来を見通すことができるかもしれません。

伝統的なカンフーを採り入れた瞑想法のひとつに気功があります。気功には内観を促し、生体エネルギーの流れを整える効果があります。気を鍛えながら、体内の組織や臓器を活性化させるのです。治癒力を高め、心身を壮健にする効果もあります。

沈思黙考の技術はさまざまな場面（治癒力を上げたいときやひらめきを得たいときなど）で役立ちます。そこもカマキリのトーテムに学ぶべき点でしょう。

カマキリは静止することで狩りの名手となり、進化の過程を生き抜いてきました。獲物を待つときのカマキリは微動だにせず、周囲に同化して身をひそめます。獲物が来たら、長い前脚で相手を突き刺し、ジャックナイフを折りたたむようにして前脚をたたみます。

カマキリがトーテムとして現れたら、こう自問してみましょう――未定の計画をうっかり漏らしてしまうことはないか。言葉や相手を選んで話をしているか。時機を待つことの大切さを忘れていないか。少し気を静めたほうがいいのでは？　焦るあまりにチャンスを逃すことはないか。

こうした問題を解決するヒントはカマキリのトーテムが教えてくれるでしょう。

クモ

キーワード：運命の設計と構築

クモをモチーフにした神話や民話は世界各地にありますが、そこに登場するクモのイメージはほぼ同じ。インドの伝説はクモを幻想の紡ぎ手マーヤとして、ギリシャ神話や北欧神話は運命の三女神として描きました。三女神のうち、１人目は命の糸を紡ぎ、２人目は糸の長さを測り、３人目は糸を断ち切ります。アメリカ先住民にとってクモは祖母であり、過去と未来をつなぐ存在です。

クモの体は２つ（昆虫の体は３つ）から成り、体型は数字の８に似ています。クモの脚は８本（昆虫の脚は６本）あることからも数字の８を連想させます。８を横向きにすると無限大を表す記号になります。無限大のマークは輪廻を象徴し、一方の環から他方の環へ途切れることなく続きます。環の上を歩くことも難しいですが、ふたつの環が交差する部分では姿勢を保つことすら困難です。

クモはバランスの大切さを教えています。過去と未来のバランス、心と体のバランス、男性と女性のバランス。そして現在の行いは未来につながることを伝えています。タロットカードのなかに「運命の輪」という一枚があります。このカードは人生の浮き沈みや運気のめぐりなどを示し、名誉や名声のパワー、自然のサイクルへの順応にも関係があります。クモをトーテムに持つ人はこのカードの意味を詳しく研究するといいでしょう。

クモは私たちの創作意欲を刺激します。クモの巣は精巧で繊細です。過去という細い糸が現在と未来を織るような印象があります。クモの巣はたいてい同心円状になっていますが、同心円は創造と発展の象徴。巣の中央にいるクモは、人生の中心にいる私たち一人ひとりの姿です。いにしえの秘教学校は「己を知れば宇宙が分かる」という校訓を正門に刻みました。クモの巣が表しているとおり、人生は自分を基点にして織り上がります。私たちはみな運命の設計者であり、人生のストーリーを編む作家です。考えながら、感じながら、行動しながら自分の手で運命の糸を紡いでいるのです。

クモは、その個性から、秘儀に通じる生物とされます。クモが見せる神秘は主に3つあります。ひとつは驚異の創造力。美しい巣をみごとに織り上げるのは芸術的センスの表れです。ふたつ目は母性のたくましさ。これはゴケグモなどのメスが交尾後にオスを食い殺す習性から来ているのでしょう。

3つ目の神秘はらせん状の巣を張ること。らせんは過去と未来のつながりを象徴します。クモの巣は中心に向かうにつれて目が細かくなりますが、クモをトーテムに持つ人はこの点に注目したいところです。今の自分は中心の目標に向かって進んでいるのか、それとも四方八方に手を広げているのか。注意力が散漫になっていないか。ひとつのことにとらわれて周りが見えなくなっているのでは？ 自分の実績よりも人の成功に気をとられていないか。そのせいで自分を責め人をうらやむことはないか。

古代の人々にとって、クモは言葉の番人でした。言語や文字の起源をめぐっては世界各地に諸説があります。多くの古代人はクモの巣の網目に文字を見ました。それがアルファベットの発祥と言われます。ここからクモは「言語の父」「神秘の作家」と考えられるようになりました。文才に恵まれている人はクモがトーテムかもしれません。

クモは太古の昔から死と再生のシンボルです。理由のひとつは、交尾を終えたメスがオスを食い殺すことにあるのでしょう。すべてのクモにその習性があるわけではありませんが、昆虫の世界ではめずらしいことではありません。カマキリにも同じ習性があります。また、クモはしょっちゅう巣を張り替え、住まいの破壊と再建に余念がありません。ここにもクモのメッセージが見て取れます。人生にはバランスを保つことと崩すことの両方が必要。そのふたつがあってこそ創造力を発揮できることをクモは身をもって示しています。

本や映画やテレビはクモの恐ろしさを強調したがるようです。クモの大半には毒があります。毒をもって獲物を殺し、気絶させますが、そうやって昆虫の生態系を保つのに貢献しています。

とくに悪者扱いされるのはクロゴケグモでしょう。クロゴケグモはアメリカ全土に分布します。全身が黒光りし、胴体に砂時計の形をした赤い模様がついています。毒グモですが、相手を絶命させるほどの毒性はありません。むしろ、クロゴケグモは臆病者。人間がクロゴケグモを恐れる以上に、クロゴケグモは人間を恐れます。

タランチュラ（コモリグモ）もよく知られる大型のクモです。タランチュラという名はイタリア南部発祥のダンス「タランテラ」に由来します。このクモに噛まれると、けいれんが起きるという迷信があり、噛まれたときはテンポの速い「タランテラ」を踊れば解毒になると考えられていました。

タランチュラはクモのなかでも最大クラスで、全身が毛に覆われています。毒をもちますが、ハチの毒針ほど強力ではありません。タランチュラは糸は出しても、巣を張ることはありません。砂中に穴を掘り、その中に身をひそめます。獲物の気配を感じると、穴から飛び出し、獲物をつかみ、穴の中に引きずり込みます。

クモは元来、デリケートな生物です。タランチュラをつまみ上げ、地面に落とせば、たちまち死んでしまいます。クモは強さと繊細さをあわせもち、その両方を生かして生き抜いてきました。クモをトーテムに持つ人はこの点を見習いたいところです。

クモは繊細なうえに機敏です。巣の網目を、バランスを崩すことなく、スムーズに歩きます。神話や民話にはクモが生死（覚醒と睡眠）の境を歩き、現世と来世を往来するエピソードがよく出てきます。これもクモのトーテムに学ぶべき点でしょう。クモは境目を歩く名人です。

ほとんどの人は大型のクモを見かける機会がめったに（まったく）ないでしょう。しかし、小さなクモなら身近なところにいくらでもいます。小型種の大部分は害虫を食べる益虫です。たいてい夜間に活動し、狭い隙間にも分け入ることができます。それはクモが伝える究極メッセージ――陰の努力を惜しんではいけないということです。夜の間に努力の糸を編めば、やがてその糸は朝日を浴びて輝くでしょう。

クモがトーテムとして現れたら、自分に問いただしてみましょう――夢や希望を紡いでいるか。好機を逃していないか。クモの巣にかかったように立ち往生していないか。もっと足元に注意する必要があるのでは？　周囲にバランス感覚を失った人がいないか。気持ちを文字にする必要があるのではないか。文や絵をかくことに興味はあっても実行していないのでは……。

クモは古代文字の番人であることを思い出してください。クモのトーテムは言葉の紡ぎ方を教えてくれます。紡いだ言葉が網となり、読む人の心を捕らえる日が来るかもしれません。

チョウ

キーワード：変容、舞う喜び

数いる昆虫（動物）のなかで、チョウほど華麗に変身するものはいません。チョウをトーテムに持つ人はチョウの成長過程を詳しく調べてみましょう。チョウとガは、4つの段階を経て成虫になります（さなぎの段階で繭を作るのはガであって、チョウではありません）。

チョウがトーテムとして現れたら、今抱えている課題に真剣に向き合いましょう。チョウが現れた理由もそこにあるはずです。自分は今、変化のどの過程にいるのか。その答えを出すにはどういう結果を望み、そのために何をしたらいいのか考える必要があります。

チョウは多くの神話や伝説の中で象徴として描かれてきました。キリスト教では魂や復活を表し、中国の民話では夫婦愛のシンボルです。アリゾナ州のホピ族の未婚女性はチョウに似せて髪を結う習慣がありました。アメリカ先住民の昔話にはネズパース族の子供たちがチョウを呼び寄せる物語があります。

アメリカ先住民にとってチョウは変化、喜び、彩りのシンボルです。翅の色を見れば、そのチョウの象徴性やトーテムとしての役割が分かります。以前、私は精霊をテーマにしたワークショップをフロリダで開催しました。ワークショップの前に会場近くのネイチャーセンターで瞑想したのですが、目を開けると、10頭あまりのゼブラ蝶（翅は黒と黄のストライプ）に囲まれていました。そのうち数頭は私の膝の上にとまっていました。

この出来事は私にとって大きな意味がありました。ひとつは、民話が伝えるとおり、精霊とチョウには密接なつながりがあります。それ以上に重要なのはゼブラ蝶の翅の色でした。黒と黄は精霊を見守る大天使ウリエルのシンボルカラーです。その2色が暗示したとおり、私は大天使のパワーを授かってワークショップにのぞむことができました。

チョウは花や草木の上を舞うようにして跳ねます。その軽やかな姿を見ていると、悩んでいる自分がばかばかしく思えます。チョウのトーテムは遊び心と歓喜を刺激します。生きることは舞うことであり、舞えば心も躍ることを教えてくれます。舞うためには腰を上げ、体を動かさなくてはいけません。舞うことは人生の蜜を味わうこと。それはチョウの感覚器官に表れています。チョウの前脚には味を感知するセンサーがあり、チョウは花の上でステップを踏みながら、花を味わっているのです。

チョウは私たちの人生に彩りと喜びを運んできます。チョウがトーテムとして現れたら、自分の日常にどれほど歓喜があるのか考えてください。心を軽やかにし、変わるきっかけをつかみましょう。どんな変化も成長の糧になることを忘れてはいけません。チョウのトーテムは、チャンスが来たら思い切って変身するように促しています。変化を避けて通ることはできませんが、チョウを見れば分かるように、変わることはかならずしもつらいことではありません。チョウのように優しく、美しく、楽しく変身することも可能なのです。

トンボ

キーワード：光のパワー

トンボは起源の古い昆虫で、1億8000万年以上も前から生息しているとされます。全身の色は美しく、宝石のようなきらめきを放ちます。そこまで発色するには長い時間がかかりますが、それは私たち人間が年齢を重ねて自分のカラーを確立していくことを思わせます。

トンボは空中をスピーディーに飛び、華麗なアクロバットを披露します。まるで光線の角度や動きを真似ているかのようです。瞬時に方向転換し、宙返りや空中停止や上昇下降もお手のもの。後方に飛ぶこともできます。トンボは「蚊ハンター」として知られます。飛んでいる虫をキャッチするのが抜群にうまいのです。トンボの飛翔速度は時速30キロにも達し、トレードマークの大きな目で空中の虫を見つけます。12メートル先を飛ぶ獲物も見逃しません。獲物を見つけると、細いトゲのついた脚と頑強なアゴを使ってがっちり捕らえます。

トンボの生活域はふたつあります。水中と空中です。ここに象徴的な意味合いがあります。トンボは若虫（ヤゴ）の時期を水中で過ごし、羽化を経て成虫になると空中に移動します。トンボをトーテムに持つ人は子供のころは気性が激しくても、大人になると理性的になり、感情の抑制がうまくなるようです。幼少時代の反省から、感情を押し殺すこともあります。しかし、トンボは水辺を好むことを忘れてはいけません。感情と理性を両立させる方法を探しましょう。

トンボのトーテムが出現したのは心が酸素不足に陥っているからかもしれないし、「考え方や行動を改めなさい」「感情を無視してはいけません」という助言かもしれません。最近の自分は理屈だけで物事を割り切っていないか、自分の心はトンボのように生き生きと発色しているか反省しましょう。

トンボは縄張り意識が強い昆虫です。卵を産みつけるのは縄張りの中の水辺です。卵からかえったトンボは若虫の段階を経て成虫になりますが、若虫でいる期間は2年近くに及びます。その点はさまざまに解釈できます。2年越しの努力が実を結ぶという意味なのか、今後2年間は努力の時期という意味なのか、それとも「自己改革を目指して2カ年計画を立てなさい」というアドバイスとも取れます。トンボのように脱皮できれば、2年以内で理想の自分に変われるかもしれません。いずれにしても、トンボのメッセージを正確に理解するには自分の現状を確認することが先決です。

光の屈折や日光が差し込む角度は状況しだいで変わりますが、トンボにも同じことが言えます。トンボの適応力は昆虫のなかでも群を抜いています。だからこそ長い年月サバイバルできたのでしょう。トンボは2対の翅を持ちますが、いざとなれば1対だけで飛翔できます。トンボは目のケアを怠りません。脚に生えた特殊なブラシで目を掃除し、口に含んだ水滴で目を洗います。

トンボの天敵はカエルと鳥類。トンボのトーテムを持つ人は、とくにカエルを研究してみましょう。カエルの特徴については298ページを参考にしてください。

トンボが生息するのは陽のあたる場所です。変温(冷血)動物なので、野外で活動するのは日中だけ。夏に活動のピークを迎えるのも太陽の熱と光が必要だからです。トンボをトーテムを持つ人はこの点を心に留めて、健康管理や体調改善には外に出て日光を浴び、水源の近くで過ごすといいでしょう。

一部のトンボは皮膚に色素がありますが、大半のトンボが色鮮やかに見えるのは虹が発生するのとほぼ同じ原理です。トンボの外骨格に光が当たると、光は屈折し、乱反射します。その結果、トンボの全身は緑や青に輝くのです。年齢が進むと、別の色に見えることもあります。トンボは光や色を七変化させることから、魔術（色のトリック、イリュージョンなど）と神秘に通じる動物とされてきました。トンボの魔力は光の魔術そのものです。

トンボは日本画のモチーフとしてもおなじみで、来光と喜びを象徴する縁起物と言われます。一部のアメリカ先住民はトンボを死者の魂になぞらえます。トンボの前身はドラゴンだったとする民話もあります。ドラゴンというと「火を吐く巨大獣」のイメージですが、この架空の珍獣は姿も大きさもさまざま。トンボは古代ドラゴンの生まれ変わりで、精霊と親しいとされます。トンボは太陽や日光と共生し、日光が一日をとおして変化するように、トンボも変態します。トンボがトーテムとして現れたら、来るべき変化に備えましょう。そして「変わる必要があるのに、変わることを拒んでいないか」と自問してみましょう。トンボが現れたのは、人間は誰もが光であり、その気になれば自ら光を放つことができるというメッセージを伝えるため。「光あれ」と神は言い、創造力と想像力を糧にするように説きました。トンボはこの神託を体現しています。

この世に見た目どおりのものはほとんどありませんが、光と色ならいくらでもあります。トンボのトーテムは虚飾を脱ぎ捨て、内面の輝きを放つように促します。そして、成長する喜びと色とりどりの未来を運んできます。

バッタ、コオロギ

キーワード：大きな前進

古代ヘブライ人が疫病神と見なしたバッタも、ほかの地域では崇拝の対象でした。中国ではバッタやコオロギを慶事、幸運、豊穣、美徳の象徴としました。なかには故人の生まれ変わりと信じる人たちもいて、小さな虫かごを庭先に用意し、お迎えしたといいます。

バッタは跳びはねるようにして移動します。難を逃れるときも同様です。バッタの跳躍力は驚異的で、1回に跳べる距離は体長の20倍に達するといいます。バッタをトーテムに持つ人はできるだけ動くことを心がけましょう。思い切って、前に跳ぶことです。

バッタの後脚は独特です。前脚と比べても、ほかの昆虫の脚と比べても違います。極端に長くて太いのです。その後脚には精巧な筋肉がついています。バッタをトーテムに持つと、人とは違うペースで動くようになるでしょう。進歩の仕方も一定しているとはかぎりません。立ち止まっている間に人に先を越されたと思うかもしれませんが、ガッカリすることはありません。バッタがトーテムとして現れたら、大きな前進が期待できます。周囲の人を一気に抜き去ることも可能でしょう。

バッタは本能的に陽の当たる場所を探し、日なたぼっこを楽しみます。暖と光を見つける天才で、跳ぶべき時機を心得ています。バッタをトーテムに持つ人は自分の直感を信じ、マイペースを貫きましょう。人の成功を真似ても成功できるとはかぎりません（その反対に、自分の流儀が人に通用するとはかぎりません）。

タイミングを計るには心の声に耳を傾けるのがいちばんです。一部のバッタは前脚に聴覚器官があり、呼吸と連動して機能します。バッタは四方八方に脚を伸ばして音の出所を探ります。この聴覚と脚のつながりに象徴的な意味合いがあり、「自分の内なる声を信じなさい」というメッセージと解釈できるのです。

バッタをトーテムに持つ人は一夜にして成功する可能性があります。その可能性は内なる声に耳を傾け、自分の直感を信じることで、さらに大きくなるでしょう。バッタが目の前に現れるのは、自分の気持ちに素直になれないとき、チャンスに賭ける勇気が出ないとき、前例がないからと尻込みしてしまうときです。バッタのトーテムは未踏の地に足を踏み入れるように促します。物事がうまくいかないのは歩みを止めてしまったからではありませんか。バッタは上か前にしか跳ねません。後戻りはけっしてしないことを覚えておきましょう。

ミツバチ

キーワード：多産、人生の蜜

ミツバチを象徴的に描いた伝承は世界各地に見られます。ヒンズー教徒にとってはヴィシュヌ神、クリシュナ神、カーマ神の化身であり、古代エジプトでは王座の象徴でした。また、ミツバチはギリシャのエレウシスの秘儀に関連づけられ、ケルト民族には神秘の知恵と称えられました。一般的に言って、ミツバチから連想されるのは「性と多産」です。針を持ち、受粉に一役買っていることがその理由でしょう。

ミツバチは「不可能を可能にする」存在とも言われます。昔の科学者たちはミツバチがどうして空を飛べるのか理解できませんでした。空気力学上は、ミツバチの翅は体に比べて小さすぎるため、飛行できるはずがありません。その秘密が解明されたのは近年のことで、ミツバチはかなりの速さで翅を動かすことが分かりました。しかし、今なおミツバチは「不可能を可能にする」シンボルです。

ハチは基本的にどれもミツバチです。どの種も蜜を採集し、花粉を運びます。ミツバチは昆虫のなかで、もっとも有益な働き者とされます。ミツバチがいなければ花は咲かず、果実は実らないでしょう。受粉が成立しないのだから当然です。花にとまったミツバチが蜜を採集する間、脚の繊毛には花粉が付着します。脚に花粉を付けたミツバチは花から花へと移動しながら花粉を媒介して回ります。

ミツバチの活躍は受粉の介助だけにとどまりません。ハチミツの採集、ほかの昆虫を捕食して生態系を維持することにも一役買っています。地中に巣を作る種は土壌の改良にも貢献します。その貢献度はミミズをはるかに上回るといいます。

ミツバチがトーテムとして現れたら、自分の生産性を反省しましょう――人生を豊かにするための努力を惜しんでいないか。忙しくしているか。努力の成果を味わう余裕があるか。仕事に追われていないか。あれこれ手を広げすぎているのでは？　結果を出すために、欲張りすぎていないか。

ミツバチの脚はとくに敏感な器官です。じつはミツバチの味覚は脚にあり、蜜のありかを脚で確認します。私たちもミツバチに習って日々の仕事を味わいましょう。毎日を味わうゆとりがあれば、人生はもっと豊かになり、甘みが増すはずです。

ミツバチの針はしばしば男根に例えられます。針を刺すのはたいてい一度きり。女王バチは繰り返し刺すことがありますが、針で攻撃するのはひとえに跡継ぎを守るためです。

ミツバチの集団は組織化されており、マルハナバチの一族は女王バチ、雄バチ、働きバチに分かれます。女王バチの第一子たちは成長すると働きバチになり、巣を作り、その管理にあたります。ハチもアリと同じで巣作りの名人。ハチの巣は六角形であることから、象徴的な意味を含みます。六角形の巣はハートを象徴し、ハートで味わう人生を示しています。また太陽と太陽のパワーも意味します。

ミツバチのトーテムが伝えているのは人生の蜜を味わい、太陽が出ているうちに人生を充実させること。遠い夢でも追い続けていれば、いずれかなうと助言しています。人生の果実は蜜の味です。夢を追い続けることで、その果実を味わえる日は必ず来る――ミツバチはそんな希望を感じさせます。

8

爬虫類の神秘

爬虫類の特徴

爬虫類は起源の古い生物です。抜群の環境適応力を武器にして数百万年の進化の過程を生き延びてきました。現生種は６０００種あまりとされ、極寒地を除く世界各地に分布します。恐竜がいた時代から生息する爬虫類は次の４グループに大別できます。

●トカゲ（ヘビを含む）
●ワニ（アリゲーター、クロコダイル）
●カメ（リクガメ、ウミガメ）
●ムカシトカゲ（ニュージーランド産）

このうちクロコダイルとウミガメは氷河期をしのぎました。その姿形は現在に至るまでほとんど変わっていません。だからこそクロコダイルやウミガメにまつわる神話や民話が世界中にあるのでしょう。

爬虫類に共通する特徴は、ほかの動物群にはないものです。まず変温動物であること。爬虫類の体温は周囲の気温や気象条件に左右されます。哺乳類は体温を一定に保つための調節機能を備えていますが、爬虫類は生存に適した環境を自ら探さなくてはいけません。ヘビやトカゲがしばしば日光浴をするのには、そういう事情があります。暖をとらなければ生きていけないのです。爬虫類が体温を調節するには外部の資源に頼るしかありません。

爬虫類をトーテムに持つ人は……

この特性は、爬虫類をトーテムに持つ人にも通じます。周囲の空気に敏感なのです。爬虫類をトーテムに持つ人は場の状況に応じて気分が大きく変わるようですが、それは周囲のムードに影響されやすいからでしょう。周りがハメを外せば自分もそうするし、真面目な集団のなかでは真面目になります。明るく優しい人たちに囲まれれば、明るく優しい一面を見せるでしょう。

爬虫類をトーテムに持つ子供は交友関係に注意が必要です。同調圧力にどう対処するかは、爬虫類をトーテムに持つ人に共通する課題。爬虫類のトーテムは「つき合う人を選びなさい」と助言しています。爬虫類をトーテムに持つ人は人間が発するオーラやオーラの相互作用を研究するといいでしょう。

爬虫類が厚いウロコに覆われていることにも注目してください。これも爬虫類ならではの特徴です。厚いウロコは鎧の代わりになると同時に、一部の種にとっては潤滑油の役目も果たします。爬虫類をトーテムに持つ人はタフな自分を表に出すといいのですが、なかなか難しいでしょう。私たちは「人当たりを良くするように」と言われて育ちます。しかし、そこにつけ込む人がいることも事実です。

爬虫類をトーテムに持つ人は強気をアピールすることに抵抗を感じるかもしれません。しかし、ヘビを観察すれば分かるとおり、爬虫類の皮膚は総じて滑らかな印象で、ツヤツヤしているものもあります。ウロコの付いた丈夫な皮膚は強さと美を兼ね備えています。そのふたつを両立させることが爬虫類をトーテムに持つ人にとって課題になるでしょう。しかし、タフなところを見せるのに暴漢のように振る舞う必要はありません。その点も、爬虫類のトーテムが教えるところです。攻めにも守りにも強いところをアピールしつつ、輝きを放つことは可能です。

爬虫類は空気を呼吸し、ほぼ全種が完璧に機能する肺をひとつは備えています。爬虫類の多くは卵生です。卵の象徴性は鳥類の章で説明したとおりですが、爬虫類の卵は鳥類のそれと違って殻が固く、でこぼこしています。爬虫類は産み落とした卵を地中に埋め、置き去りにします。だから、爬虫類の卵は丈夫なつくりになっているのでしょう。卵や子供を世話する爬虫類はごくわずかで、いちばん有名なのがワニです。したがって、卵からかえった爬虫類は大部分がひとりで生きていくしかありません。

爬虫類をトーテムに持つ子供も自分の面倒は自分で見ることを覚えます。自力で生きるすべを身につけなくてはいけないからです。生まれつき独立心旺盛で、たくましい子もいれば、成長過程でそうなる子もいます。爬虫類をトーテムに持つ人のなかには「子供のころがいちばんつらかった」と振り返る人がめずらしくありません。

もちろん成人後や転機をきっかけに爬虫類をトーテムに持つ人もいます。その転機は生死に関わる一大事かもしれないし、千載一遇のチャンスかもしれません。いずれにせよ、爬虫類がトーテムとして現われたときは自己実現や自立の機会と考えましょう。ひとりで生きていく自信が芽生えるはずです。

爬虫類は基本的に雑食です。草から大型の動物まで何でも食べますが、種によって主食は違います。ガーターヘビは毛虫、クロネズミヘビはネズミを好みます。草や虫しか食べないトカゲもいますが、カメはえり好みをせずに植物でも動物でも口にします。爬虫類をトーテムに持つと、食べ盛りの時期にダイエットに苦労するかもしれません。

爬虫類にかぎらず、トーテムの主食を知ることは非常に参考になります。主食がほかの動物なら、その動物についても調べてみます。特定の植物が好物なら、その植物を研究してみましょう。植物にも象徴的な意味合いがあることを忘れてはいけません。伝統的な易術のなかには草木のメッセージを読み解くものもあります。

本書では便宜上、爬虫類の項目に一部の両生類を含めることにしました。このふたつは似て非なるもの。ヒキガエルやサンショウウオを爬虫類と思い込んでいる人は少なからずいます。その生態は爬虫類に似ていますが、実際には昆虫とクモほどの違いがあります。

両生類は水陸両生です。そこに重要な象徴性があるので、両生類をトーテムに持つ人は心に留めておきましょう。

両生類が宿すパワーは伝承にもなりました。両生類は水に関連して夢の番人に例えられることが多いようです。水中と陸上の両方で生息できる点は明晰夢（夢を見ていることを自覚しながら見る夢）の象徴と解釈できます。両生類の多くは星回りの知識を持つとされますが、心理学的には「感情（水）を建設的（陸）に生かす知恵がある」と言えます。

両生類は爬虫類と同じ変温性で、体温を保つのに自然の恵みを必要とします。体温は周囲の状況に左右されるのです。両生類をトーテムに持つ人も周囲のムードに敏感と言えるでしょう。

両生類の一部も成長過程で脱皮します。脱ぎ捨てた表皮は自分で食べてしまうことが多いようです。そこから両生類は変容、復活、再生のシンボルになりました。脱皮するトーテムアニマルの多くは再生能力を授けてくれます。

両生類は水を飲みません。水は皮膚から直接吸収します。両生類のパワーに接すると、水の近くに行きたくなるはず。両生類をトーテムに持つ人は長風呂の傾向があるようです。水源のそばに身を置くことは心身の健康に欠かせません。

両生類は変態します。いちばん分かりやすいのはカエルで、卵からオタマジャクシ、オタマジャクシからカエルへと姿を変えます。両生類をトーテムに持つ人は人生の転機を正確に覚えていることが多いのですが、それだけ大きな転機が訪れるとも言えます。両生類がトーテムとして現れたら、自分は成長や変化のどの過程にいるのか考えてみましょう。

両生類も爬虫類と同じく卵生です。両生類の多くは秋から産卵の準備を始めて翌年の春に産卵します。春と秋は、両生類をトーテムに持つ人にとって実りの多い季節。新しいことを始めるには絶好の時期でしょう。

トーテムアニマルの食行動も参考になります。両生類（とくに成体）は好んで虫を食べます。両生類にかぎらず、トーテムアニマルについては固有の特徴や習性を研究してください。それによってトーテムのパワーの周期が分かり、自分に影響するタイミングがつかめます。水と陸の両方に暮らす両生類は昼夜を問わず、私たちを見守ってくれるでしょう。

神話や民話に登場する爬虫類

今回のトーテム事典も完全版ではありません。爬虫類は多種多様で、全種をカバーするのはとても不可能だからです。そうしようと思ったら一冊の本では間に合わないでしょう。ここで取り上げる爬虫類はどれもなじみが深く、神話や民話にたびたび登場します。また、両生類のトーテムも含めました。

爬虫類と両生類に関する伝承は世界各地に残っています。爬虫類か両生類をトーテムに持つ人は、その伝承の地に前世で縁があったのかもしれません。トーテムアニマルの物語を研究すると、その動物がどのように解釈されてきたのかが分かります。

最初は全種に共通する特徴を調べましょう。さきほど爬虫類や両生類の基本的な特徴を説明しましたが、それはさわりにすぎません。全般的な特徴を調べたら、次は個々の特徴をリサーチします。その種ならではの個性をつかみましょう。

トーテムの特徴が分かったら、それを自分の近況に照らしてみます。その動物に出会ったとき、自分は何をしたり考えたりしていたか。その動物は以前から頻繁に見かけていたか、それとも今回が初めて？　この3日間で何か変わったことは起きなかったか。

爬虫類のトーテム事典では、昆虫のトーテム事典と同様に「パワーのピーク」を省きました。爬虫類と両生類の活動周期は個体差が大きく、成長の段階によっても異なります。パワーのピークは各自で確かめてください。それが爬虫類のトーテムを敬い、身近に感じる一助になるでしょう。

トーテムアニマル辞典

爬虫類

ウミガメ……297
カエル……301
カメレオン……304
トカゲ……305
ヘビ……308
ワニ……313

ウミガメ

キーワード：母性、長寿、潜在能力の覚醒

ウミガメはもっとも起源の古い脊柱動物です。ウミガメの仲間は250種ほどで、そのうち約48種はアメリカに生息します。ウミガメとリクガメは生息域によって区別できます。リクガメはもっぱら陸地で生活しますが、ウミガメは水中か水辺にいる時間が長いのです。

ウミガメにまつわる神話は枚挙にいとまがありません。極東ではウミガメの背甲は天、腹甲は地の象徴です。ウミガメは天地の接点であり、天地の恵みをもたらす縁起物とされました。

日本には『浦島太郎』という昔話があります。浜辺で子供たちにいじめられていたカメを浦島太郎が助けてやるという話です。太郎は子供たちを追い払ったあとカメを海に帰そうとします。しかし、カメはなかなか海に入ろうとせず、太郎に礼を言うと、助けてくれたお礼として太郎を背に乗せて海底の竜宮城に案内します。

ウミガメは陸と海が交わる海岸にいます。海岸は精霊界に通じる扉、ウミガメはその番人です。ウミガメが人間と精霊をつなぐ伝承はそんな背景から誕生したのでしょう。

ナイジェリアではウミガメは女性器とセックスのシンボルです。アメリカ先住民にとっては月齢、月経、女性特有のパワーを意味します。一部のウミガメの背甲には亀甲模様が13あります。月暦（太陰暦）によると、新月／満月が出現する回数は年に13回。ここからウミガメは女性性の象徴になり、万物の母に例えられました。

ウミガメは長寿のシンボルでもあります。代謝率の低いウミガメは「細く長く」が身上。カメの歩みは遅く、自分の一生が長いことを自覚しているかのようです。ウミガメのトーテムは時間の観念や時間とのつきあい方を見直すように促しているのかもしれません。

ウミガメのサバイバル能力は驚異的です。聴覚が優れており、皮膚や甲羅をとおして水中の振動をキャッチします。色覚や嗅覚も備えています。ウミガメのトーテムは心身の感覚を刺激しますから、聴覚と霊聴力、視覚と霊視力、嗅覚と識別力を高めてくれるでしょう。

ウミガメがトーテムとして現れたら、次のように反省しましょう——自分は見るべきところを見ていない、聞くべきことを聞いていないのでは？　自分も周囲も分別に欠けているのではないか。できることならカメを種ごとに研究してください。いろいろな種がいますが、甲羅を見れば、だいたい見分けがつきます。種が違えば、甲羅が違うからです。

どの種にも固有の習性や特徴があり、そこに重要なメッセージが隠れています。カミツキガメは口に関する機能（咀嚼や発声など）を見直すきっかけになるかもしれません。アメリカハコガメは腹甲の前後がちょうつがいのようになっており、手足や首を収めることができます。その特徴は「ガードを固くせよ」という警告とも解釈できます。ニシキガメには色彩のパワーと活用法を学ぶことができるでしょう。

ウミガメは住居を背負っています。実物のカメは、漫画と違って、甲羅から離れることはありません。甲羅は脊柱や肋骨の一部であり、住居と避難場所を兼ねます。カメは一度ひっくり返ると自力で起き上がれないと言われますが、そんなことはありません。頑強な頭部を使って、体勢を立て直すことができます。ウミガメをトーテムに持つ人も、天地がひっくり返るような出来事に見舞われたときは頭と知恵を絞って立ち直りましょう。カメのトーテムはピンチのときに現れることがあります。

ウミガメは雑食性です。昆虫、植物、魚、両生類を主食とし、小さな哺乳類を食べることもあります。そして日和見主義です。ウミガメがトーテムとして現れたら、目の前の好機を逃さないように注意してください。アメリカ先住民はウミガメを母なる大地とし、地球の恵みに感謝しました。私たちは木を見て森を見ないことがあります。ウミガメのトーテムはそんな私たちに「今ある幸せに感謝すること」を伝えています。

ウミガメの代謝率の低さも私たちにとっては反省材料になります――自分は生き急いでいないか。自分のための時間をつくっているか。忙しすぎて周囲が見えなくなっていないか、その反対にもっとペースを上げる必要があるのではないか。ウミガメのトーテムはヒントを与えてくれるでしょう。

ウミガメを捕食する動物はアライグマです。ウミガメをトーテムに持つ人はアライグマの象徴的な意味合いもリサーチしましょう。自分と周囲のエネルギーがどう共鳴しているのか分かるかもしれません。ウミガメは日光を利用して体内でビタミンDを作り出すとされます。ウミガメをトーテムに持つ人は食生活を見直し、ビタミンDを充分に摂取しましょう。

ウミガメは浜辺に上がって産卵し、卵を砂中に埋めることが多いようです。卵からかえった赤ちゃんガメは自力で海を目指します。この水陸間の往来は、とくに繁殖において、重要な意味合いを含んでいます。ウミガメをトーテムに持つ人はこの点に注目しましょう。

水は生命の起源であり、生物が生きていくうえで欠かせないものですが、一方で自分の力を試すには水から出なくてはいけません。水中で蓄えたエネルギーを外の世界で、すなわち陸で試すことになります。

ウミガメがトーテムとして現れたら原点に返るチャンス。しばし自分の甲羅（殻）にこもって、考えが整理できたら外に出ましょう。世の中にはチャンスがあふれていることに気づくでしょう。

結果を焦る必要はありません。急いては事を仕損じます。時の流れに身を任せましょう。方法とタイミングさえ間違えなければ、成功に必要なものは揃っている――ウミガメのトーテムはそう伝えているのです。

ウミガメは天に続く道が地上にあることを教えています。私たちに必要なのは、母なる大地だけです。人間が地球を慈しみ、守り、育てれば、地球も同じようにこたえてくれます。この相互関係を実現させるには時間をかけて五感を研ぎ澄まし、自然とのつながりを感じること。ウミガメが甲羅を離れないように、私たちも地球を離れることはできないのです。

カエル

キーワード：水と音を通じた変容

カエルは一目でそれと分かる両生類です。アマガエルとヒキガエルを混同する人がいますが、両者には歴然とした違いがあります。アマガエルは水辺に暮らし、ヒキガエルは水気のない陸地に常駐します。前者の皮膚はツルツルしていますが、後者の皮膚はごつごつです。ヒキガエルは後頭部に耳腺があり、そこから毒性の強い粘液を分泌します。アマガエルには、そのような耳腺はありません。

カエルは頻繁に神話に登場します。水陸両生であることから、水と陸にまつわる伝説に描かれ、おとぎ話の主人公を務めてきました。シャーマニズムを信仰する地域（とくに北米と南米）ではカエルは雨や天気を操るとされ、カエルの鳴き声は雨を招くと言われました。

また、水に縁があることから月のエネルギー（月の引力は潮の満ち引きを左右する）や月の女神に例えられます。エジプト神話の女神ヘケトはカエルの化身で、オシリス王の復活の儀式でイシスに力を貸しました。

カエルが豊穣と多産の象徴になったのはオタマジャクシの姿が精子に似ているからです。カエルは雨が上がると一斉に陸に上がり、ぬかるみから這い出てくる昆虫や毛虫を食べます。雨は草木や作物を育て、豊穣を意味します。その点もカエルが豊穣のシンボルと言われるゆえんです。

カエルは成長しても水のそばを離れようとしません。湿地に暮らし、水を恋しがります。カエルがトーテムとして現れたのは水のパワーに接するように促すためかもしれません。あるいは雨の予兆や必要性を告げに来たとも解釈できます。いずれにしても、私たちを囲む水が濁ってよどんでいることを知らせているのです。カエルはその水を浄化する方法を教えてくれます。

水は感情の象徴です。カエルをトーテムに持つと人の気持ちに敏感になり、相手に対して何を言い、どう振舞えばいいのか本能的に分かるようになります。それだけ共感力が身につくのです。

カエルは天気を読み、コントロールすると言われます。カエルのトーテムはさまざまな目的で雨を呼び込みます――魂の浄化、癒し、成長、鼓舞。カエルのパワーに授かれば、小雨も大雨も降らすことができるかもしれません。

カエルの声は雨乞いの祈りです。カエルの声が目立つのは春と夏。春夏はカエルの活動がピークに達し、その時期の声にはさまざまな役目があります。仲間を呼び、メスに求愛し、縄張りを宣言し、天敵を牽制します。

カエルは変容のシンボルで、自身の原点に立ち返ることを意味します。カエルの姿は卵からオタマジャクシ、成体へと変化します。成体になっても水辺を好み、水中で長い時間を過ごします。生まれた場所から一生離れることはありません。カエルをトーテムに持つ人も母親との結びつきが強いようです。

カエルの水に対する執着は自分を反省する材料にもなります。カエルをトーテムに持つ人はこう自問しましょう――日々の生活がマンネリになっていないか。泥沼に足を取られているように感じることはないか。新しい水に飛び込む必要があるのでは？　周囲の人はどうだろう。感情という波にさらわれ、流され、溺れていないか。

カエルは聴覚が発達しています。円形の鼓膜をもち、音の種類や出所を正確に聞き分けます。水の中は音が早く伝わると言いますが、カエルのトーテムを持つ人は音感を養うといいでしょう。それで音楽の才能が開花するとはかぎりませんが、心の声で気持ちを鼓舞し、雨を乞い、人生の空模様を変えることは可能です。

カメレオン

キーワード：透視力、霊感

カメレオンには「第三の目」があります。第三の目は後頭部にあり、皮膚と完全に一体化しています。第三の目で物を見ることはできませんが、光と影を感知できます。カメレオンをトーテムに持つと、霊感や直感が冴え、それが働いているときとそうでないときの違いが自覚できるようになります。カメレオンは周囲の色に同化するわけではありません。体の色がもともと生息環境にマッチしているのです。多少なりとも色を変える理由は気温、湿度、機嫌です。怒りや不満を感じると茶色に、喜びや満足を感じると黄緑に変わります。それだけ周囲の状況に敏感なのです。カメレオンをトーテムに持つと、場の空気や人の気持ちに敏感になるでしょう。私たちを取り巻くオーラには電界と磁界のふたつの要素があります。人はつねに（電気のように）オーラを放ち、（磁気のように）オーラを寄せます。人と接するときは、このオーラの交換が必ず起きます。相手にエネルギーを与えると同時に相手からエネルギーを受け取るのです。

カメレオンをトーテムを持つと、そうしたやりとりを肌で感じるようになります。自分の感性と感覚を信じてください。それが心身の健康維持につながります。カメレオンをトーテムに持つ人はオーラの解釈や読み方を勉強するといいでしょう。

トカゲ

キーワード：豊かな感受性

トカゲは非常に機敏です。俊足で動作が速く、民家に生息するものは害虫の駆除に役立ちます。トカゲの仲間のヤモリは、爬虫類としてはめずらしく声を発しますが、ヤモリをトーテムに持つ人はこの点に注目しましょう。また、トカゲの最大種のコモドドラゴンはインドネシア固有のオオトカゲです。できればトカゲの全種を研究することをお勧めします。

トカゲの特徴である長い尻尾はバランスを取ったり、身を守ったりするのに役立ちます。トサカのついた脊柱も多くのトカゲに見られる特徴で、非常に印象的。なかには首のまわりにひだエリが付いた種もいます。首は頭部と胴体のつなぎ目です。ひだエリを持つトカゲは意識と潜在意識をつなぐこと、すなわち目が覚めている間に夢を見るをコツを教えているのかもしれません。それは明晰夢（夢見ていることを自覚しながら見る夢）に通じます。

脊柱やトサカが目立つのはチャクラが敏感になっていることを意味します。それは生命エネルギーのクンダリーニが活性化し、気の流れが強くなっているあかし。肉体、精神、感情、霊感、魂の感度が高いことを象徴します。

トカゲは微小生物の気配をも察知します。獲物を油断させ、身を守るために静止していられます。

この特技は直感や霊感の冴えを暗示します。トカゲをトーテムに持つ人はその点を意識してトカゲを観察してみましょう。

トカゲは、ほかの爬虫類にはない特徴をいくつも備えています。例えば、体の表面が乾いており、かぎ爪があります。足、尾、胴で地面の振動を感知します。視覚が発達していて、周囲のかすかな動きも見逃しません。そして聴覚も優れています。

こうした特徴からトカゲは霊感や直感を体現していると言われてきました。有形無形の動きを覚醒時でも睡眠中でもくまなくとらえなさい——それがトカゲのトーテムのメッセージです。一部のアメリカ先住民はトカゲと夢を関連づけます。夢には心のアンテナでとらえたイメージが出てきます。普段はそれを意識できなくても、夢の中では意識できます。そのイメージは恐怖や予兆かもしれませんが、日中に気づくことはほとんどないでしょう。

トカゲをトーテムに持つ人は人の言うことよりも自分の本能に耳を傾けるべきです。トカゲは感受性の象徴。トカゲをトーテムに持つと、人が感じないことを感じ、人に見えないものが見え、言葉にならない言葉が聞こえるようになります。どれほど奇妙なメッセージであっても、本能の言うことに従うことで人生はもっとうまくいくでしょう。

トカゲの特技と言えば「尻尾切り」が有名です。敵に尻尾を捕まれたり、踏まれたりすると、あっという間に尻尾を切り離して逃走します。切り離したところから、また尻尾が生えてきます。

尻尾切りにもトカゲのメッセージが見て取れます。ときには人と距離を置くことが大切だと教えているのです。自分の志を貫くには世間を離れ、しがらみを絶ち切ることが必要な場合があります。トカゲのトーテムはその方法を指南し、志の達成に力を貸してくれます。また、トカゲのトーテムが現れたのは過去を断ち切るように伝えるためかもしれません。自分のためにならないことを続けるよりは環境を変えて、心のおもむくままに生きなさいと告げている可能性もあります。

トカゲも、ほかの爬虫類と同様に、日光浴をします。変温性なので、太陽から暖を取り、身体を温めなくてはいけません。トカゲは日光浴の最中に寝たふりをすることがあります。獲物を油断させ、おびき寄せるためです。寝たふりができるのは、睡眠や夢をコントロールできるからでしょう。さきほども説明したとおり、トカゲのトーテムは明晰夢を理解し、活用するように促しています。

ヘビ

キーワード：再生、復活、通過儀礼、英知

すべての爬虫類（動物）のなかでヘビほど賛否両論を呼ぶ生き物はいないでしょう。ヘビを神聖と見るか邪悪と見るかをめぐっては宗教界も議論を重ねてきました。悪魔ともヒーラーとも解釈されるヘビはまさしく生きる伝説です。

アメリカ大陸ではヘビは文芸に欠かせないモチーフ。アメリカ先住民は変容と癒しのシンボルと考えました。その昔、ヘビの儀式に参加した者は自分の体を毒ヘビに繰り返し噛ませ、体内の毒を変質させるすべを学ぼうとしました。その儀式で生き残ることができれば、心身の毒を浄化して、薬に変えるパワーを授かったとされました。

ギリシャではヘビは錬金術と治癒を意味します。ヘルメス神の杖には2匹のヘビが絡みついていますが、この杖は今も医学のシンボルです。ヘビは医術の象徴でもあります。

インド神話の女神ヴィナターはヘビの母であり、水と地底のシンボル。半神半人のナーガ、ナーギーは下半身がコブラです。ヴィシュヌ神は大蛇のアナンタを寝床にし、シヴァ神はアクセサリーとしてヘビを巻きつけていますが、この場合のヘビはセックスを暗示しています。

ヘビが性欲や精力を象徴することは東洋の伝説に見て取れます。人間の生命エネルギーであるクンダリーニは尾てい骨にあり、ヘビのようなとぐろを巻いています。そのエネルギーは人間が成長するにつれて解き放たれ、脊椎をつたって上昇しますが、その過程で心身の気を活性化させ、新しい次元の覚醒、健康、生殖力をもたらすとされます。

中国の十二支にも巳（へビ）が登場します。巳年生まれは情が深く、千里眼と魅力を備える一方で寛容さに欠け、迷信深く、独占欲が強いといいます。詳しくは十二支を研究してください。

エジプトでもヘビは神秘の存在でした。ファラオの頭巾の額の部分にはヘビをかたどった装飾品が付いています。この装飾品は心の目と宇宙の支配を意味し、通過儀礼を経た者だけが身につけることを許されました。心の目はホルスの目ともラーの目とも言われますが、いずれにしても英知と見識を表します。

ヘビは脱皮することから死と再生を連想させます。脱皮するのは体が成長して外皮におさまりきれなくなるからです。ヘビに象徴される死と再生は古代の錬金術に例えられ、年の功とも解釈できます。死と再生の循環はウロボロスの図画にも見て取れます。古代から伝わるこの絵には自身の尻尾を飲み込むヘビが描かれています。その姿は永遠のシンボルです。

ヘビの目は脱皮が近くなると濁ってきます。まるで恍惚状態に陥ったかのようです。このことから神秘主義者やシャーマンは、ヘビが現世と来世を往来し、死を経て生まれ変わると解釈しました。脱皮が始まるとヘビの目は輝きを回復し、世界を見る目が変わったかのような印象を受けます。古代の錬金術師はこの現象を温故知新になぞらえ、新しい世界観の獲得と考えました。

ヘビはドラゴンと同様に守り神に例えられることが多いようです。ヘビが財宝や水源や聖地を守ったとする伝承はいくつもあります。ギリシャ神話のイアソンの冒険記には、金の羊毛を打ちつけた樫を守り抜く大蛇が登場します。

ヘビは全身をくねらせてスムーズに動きます。ヘビの体はヌルヌルしている印象がありますが、じつはサラサラです。むしろ人間のほうが皮脂が多いでしょう。私たちがフローリングの床を手でなぞれば、てのひらにホコリが付きますが、ヘビの皮膚には付きません。だからこそあれだけスムーズに移動できるのです。

ヘビは急襲が得意です。鎌首を持ち上げ、速く、激しく、確実に相手を仕留めます。ヘビをトーテムに持つ人も、いざとなれば同じような行動に出ますから、怒らせないほうがいい相手です。普段はおとなしいヘビも、いったん逆上すると一気呵成に相手を攻撃します。狙いを外すことはほとんどありません。狙われた相手は丸のみされるか毒牙にかけられます。

ヘビがトーテムとして現れたのは死と再生の予兆かもしれません。それは肉体の死ではなく、変容や転機を意味します。身の回りの変化や予兆に注意を払い、今の自分を振り返ってみましょう――何かを変えたいと言いながら、行動が伴っていないのではないか。無理に変わろう、変えようとしていないか。攻撃する必要のない相手を攻撃しているのでは？　反撃するべきところで反撃しているか。また、ヘビの毒牙は攻撃だけでなく自衛の手段であることを忘れないでください。自分の心身を癒すにはどうすればいいのか、チャンスは目の前にあるのではないか、そのチャンスは勝ち取る価値があるのか考えてみましょう。

ヘビのトーテムは繁殖力の向上を意味します。クンダリーニが刺激されると心身に影響が及び、肉体面では性欲や精力が増し、心理面では知恵と本能の生かし方が分かります。今までになくアイデアがひらめき、カンが冴えるかもしれません。

ヘビのトーテムは自分にどのようなパワーを授けてくれるのでしょうか。それを知るには姿形を観察することから始めましょう。それだけでも多くのことが分かります。ヘビは多種多様ですが、どの種にも頭部、胴体、尾があります。一部は毒を持ちます。大半は獲物に噛みつきますが、種によっては全身を獲物に巻きつけ、羽交い絞めにして仕留めます。皮膚やうろこにも要注意。ダイヤモンドガラガラヘビは、うろこの柄にちなんで、その名がつきました。体表の柄の意味合いを調べれば、トーテムの役割を知る一助になるはずです。

ガラガラヘビは気温が下がる夜間にしか活動しません。極端な暑さは命取りになるからです。ガラガラヘビがトーテムなら、夜型に切り替えることで生産性が上がるかもしれません。また、ガラガラヘビは横方向に這うのが得意です。頭部には孔状の小さなセンサーがあり、生物が発する熱を感知します。ガラガラヘビはこのセンサーで獲物を見つけます。これを象徴学的に解釈すれば、ガラガラヘビをトーテムに持つ人は他人の発するオーラに敏感ということになります。たとえオーラが見えなくても、感じることはできるはず。肌で感じ取ったことは、たとえ奇妙に思えることでも、信じて正解です。

全種に共通する特徴や習性も心得ておきましょう。ヘビは肉食性で獲物を丸のみします。丸のみできるのは口が大きく開くからです。口は食べ物をとおして栄養を採り入れる場所。その口が大きく開くのは頭の栄養＝知識を丸のみし、吸収できるあかしです。ヘビをトーテムに持つ人は学校以外でも勉強の機会に恵まれますが、ヘビのパワーを授かれば、記憶の容量がオーバーになることはまずないでしょう。

ヘビには催眠効果があると言われます。その理由はまなざしです。ヘビにはまぶたがないので、まばたきせずに対象を見つめます。ヘビのトーテムは視線の力で人の心をつかみ、のぞくように説いています。あるいは、自分の心をのぞくように促しているのかもしれません。

ヘビは嗅覚が発達していますが、嗅覚器官は舌にあります。ヘビが舌をさかんに出し入れしているのはそのためです。口の中にヤコブソン器官と呼ばれる特殊なセンサーがあり、ヘビはこれを使って空中に漂うにおいや味を確かめ、エサのある場所を特定します。

優れた嗅覚は識別力や高い志を意味します。ヘビをトーテムに持つ人は臭気や香りに敏感になるでしょう。アロマテラピーを利用して心身を癒すといいかもしれません。自分の周囲で何が起きているのか鼻を利かせて感知しましょう。この場の空気から嗅ぎ取れることは何でしょう。誰に何を言い、自分はどういう立場を取るべきなのでしょうか。

ヘビは変容と癒しを象徴し、俊敏に動きます。ヘビがトーテムとして現れると、急激な変化や転機が訪れ、早々に出世できるかもしれません。新しい知恵と創造力を得て、新しい自分に生まれ変われるでしょう。

ワニ（アリゲーター、クロコダイル）

キーワード：生み出す力、母性、通過儀礼

昔からワニにはさまざまなイメージがありました。古代エジプトでは狂暴や獰猛の象徴でしたが、そのふたつが神話の中で母性や創造性と解釈されました。ワニのもつ破壊力は赤ん坊を飲み込む母ワニの図画に象徴されます。それは「命の生まれるところに死があり、死のあるところに命が生まれる」ことを意味します。

アリゲーターとクロコダイルはどちらも水陸両生です。水は地母神に例えられ、出産という女性ならではのパワーを象徴します。水は生命を飲み込むこともあります。創造し、破壊し、また創造する。それがワニのトーテムの本質です。

誕生も死去も人生の通過儀礼です。どちらも一時代の終わりと新時代の始まりを告げる出来事。それは古きを温め、新しきを知る精神に通じるでしょう。ワニは温故知新のシンボルでもあります。

ワニは水中も水辺も徘徊します。水辺は水と陸の、すなわち生と死の境です。そこからワニは知の番人と言われます。あらゆる知恵を宿し、生み出す母体というわけです。

その証拠にワニは母性豊かです。ワニは、爬虫類としてはめずらしく、子供に愛情を示します。アリゲーターもクロコダイルも一度に20～60個の卵を産みます。卵が孵化し、産声が聞こえると、母親は卵の殻を破るのを手伝ってやります。そして生まれたばかりの子をそっと口にくわえ、水辺まで運んでやるのです。

ワニにまつわる伝承は母性だけがテーマではありません。ヒンズー教の水神のヴァルナはワニの背に乗っています。エジプトでは、沼に縁のあるワニは豊穣と生命力の象徴。水と土が混じる沼は命を育む場所です。

中世以前のヨーロッパではワニは長い体と尾を持つことから、良くも悪くもドラゴンに例えられました。ドラゴンは秘宝の番人で、隠された知恵の象徴です。ワニは水中に身を隠す習性があるため、架空生物のドラゴンと同じ役目を果たすと考えられたのでしょう。その役目とは伝説の宝と知恵を守ること。ワニと遭遇した者は隠された知恵を発見し、応用できるとされました。しかし、その知恵も使い方を誤ると「知に溺れる」結果を招きかねません。

アリゲーターとクロコダイルは似て非なるものです。大きく違うのは、クロコダイルは下の歯が突き出ている点。またアリゲーターは泥や落ち葉で巣を作りますが、クロコダイルは砂中に巣穴を掘ります。アリゲーターもクロコダイルも高い位置に目がついています。これは実益にかなった特徴で、水中にいながら獲物を物色できます。象徴学的には高い見識や千里眼を表します。

ワニは物静かな動物とされますが、じつは声を出します。危険を察知するとシューシューという音を発し、交尾期にはうなるような声を上げるのです。

アリゲーターは水生動物の環境保護に一役買っています。ぬかるみに「ワニの穴」と呼ばれる穴を掘り、水たまりを作るからです。この穴に水が流れ込むと小さなオアシスになり、ほかの生物の生息地にもなります。

アリゲーターはクロコダイルよりも早熟で、体長は平均で3～4メートルに達します。成長期には一年で30センチほど伸びることがありますが、気温が低くなると、成長のスピードも遅くなるようです。アリゲーターの寿命が60年を超えることはほとんどありません。アリゲーターをトーテムに持つと、通過儀礼の機会が訪れるはずです。クロコダイルをトーテムに持つ場合に比べて知識や経験を早く積み、生かすチャンスに恵まれます。しかし、そのぶんリスクも大きいことを覚悟してください。アリゲーターは時間をかけてエサを食べます。その姿は焦りは禁物と伝えています。新たに得た経験知識は充分に噛み砕いてから、活用するべきです。

クロコダイルにも固有の特徴があります。クロコダイルは「ワニの涙」を見せることで知られ、泣いたふりをすると言われます。たしかにクロコダイルが涙を流すのはつらいからでも悲しいからでもなく、目から塩分を排出するためです。クロコダイルをトーテムに持つ人は目を大切にしてください。そして、感情をきちんと表現しているか、心にもないことを言ったりやったりしていないか反省しましょう。感情にのまれて自分を見失ってもいけません。

クロコダイルは口を開けて体の熱を放出します。ヨガにも心身の気の流れを整えるための呼吸法がいくつかあり、ほてりを鎮める「クーリングブレス」（シターリともいう）はそのひとつ。クロコダイルをトーテムに持つ人は呼吸法を研究し、実践しましょう。とくに頭に血が上ったときは効果的です。

アリゲーターかクロコダイルがトーテムとして現れたら、野生のパワーを見直すこと。何かを生み出す機会や、新しい知恵を授かる通過儀礼が待っているでしょう。

おわりに

文明社会でトーテムアニマルと出会うには

自然を敬うために、まずは知ること

自然界に存在するものにはすべて意味があります。見た目が変でも、動きが奇妙でも、かならず存在意義があります。その一つひとつを探るのは不可能かもしれませんが、そもそも自分の身近にいる人間のことでさえ完全に理解するのは難しい。私たちは理解できない相手を嫌う傾向があります。しかし、理解できれば偏見や先入観を排除できます。

本来、動植物には「悪者」も「役立たず」もいません。それは人間が勝手に貼ったレッテルであり、生態系がすみずみに至るまで機能しているようすを見たことがないか、知らないからでしょう。個々の生き物が自然界にどれほど貢献しているのか、ほとんどの人は分かっていません。

動物の世界を象徴学の視点で見ることに危機感をもつ人がいます。そんなことをしたら動物の擬人化につながるのではないか、動物を人間に見立て、神のように扱うのはいかがなものかと言うのです。しかし、ここまで進化した人間社会が今さら原始時代に逆戻りするとは思えません。

たしかに迷信や俗説に惑わされる危険性はありますが、第1章でも触れたとおり、俗説の大半は根拠に欠けます。動物や自然を研究していくと、人間の営みも神秘にあふれていることが分かります。ときに私たちは動物を擬人化したり、美化したり、神格化したりしますが、それはひとえに自然に対する畏敬や驚嘆を言葉で表現しきれないからでしょう。

合理性を重んじる現代人は一部の動植物の存在や有益性に疑問をもちたくなるでしょう。この動物や植物にどれほど価値があるのかと頭をひねりたくなるかもしれません。しかし「生産力」や知的レベルを基準にして、動植物の価値を決めるべきではありません。それを決める資格が誰にあるというのでしょう。

自然界は植物、動物、人間のコミュニティです。おのおのが生態系の一端をにない、お互いを必要としています。自然界で起きることは私たちに影響し、私たちに起きることは動植物に影響します。人間社会だけを切り離そうとしても、そうはいきません。自然と人間の共鳴は現実に起きています。たとえ人間がそれに気づかなくても、自然は気づいています。

相手を敬うなら、まず相手を知ることです。尊敬するに値する相手かどうか確かめなければいけません。本書では、どの生物にも敬う価値があることを説明してきました。動物に敬意を示し、トーテムでいてもらうために、次のことを実践してみましょう。

●木を植える（樹木は動物に住居と食糧を提供し、空気を浄化してくれる）
●動物を観察する

●生態系について、できるかぎり勉強する
●野鳥のために巣箱を作る
●花を育て、ハチやチョウを寄せる
●行く先々でゴミを拾う
●官公庁に宛てて嘆願書、要望書を書き、環境保護や動物保護の活動を支援するように依頼する
●絶滅危惧種について勉強会を開く
●野生動物を使用した製品を買わない
●密猟された動物を飼わない
●動物実験を経た製品を買わない
●環境保護に熱心な団体（動物園、ネイチャーセンター、NPOなど）を支援する

野生の魂に火をつけて

自然の驚異はいたるところにあります。すべての動物は神秘であり、私たち人間も神秘の存在であることを思い出させてくれます。何かに対する見方が変わると、自分自身に対する見方も変わります。命あるものはみなトーテムです——どんな動物も、どんな植物も。ひとつの種が絶滅するたびに世界も私たちも光をひとつ失い、種の個性を見つけるたびに、私たちも新しい自分やかけがえのない自分を発見します。

自然に対する私の姿勢はしばしば疑問視されます。「野生動物や自然を神秘ととらえていいのか」と。私はいいと思っています。自然にまつわる象徴や神話をいちいち信じる必要はありません。しかし、それを研究することで忘れかけていた野生の魂が、自然に対する畏敬の念が蘇るに違いありません。今まで眠っていた野性を呼び覚ます――それが象徴や神話の力です。

ときには知ることよりも感じることのほうが大切です。野生の魂が刺激され、目覚めると、知識欲が強くなるでしょう。その知識欲に導かれて自然界のおもしろさや神秘を再発見することになるのです。

動物と対話し、動物に学ぶには、今までとは違う目で動物を見なければいけません。本書がみなさんの野生の魂に火をつけることを願ってやみません。火のあるところに光あり、光のあるところに発見する喜びと神秘があるのです！

■著者紹介

テッド・アンドリューズ

形而上学や精神世界の分野で作家、研究者、講師として活躍。古代神秘にまつわるセミナー、シンポジウム、ワークショップ、講演会を主宰し、抽象的で難解なテーマを具体的に分かりやすく伝えることに定評があった。催眠療法士、指圧師の資格をもち、薬草を用いた代替療法や自然治癒力を高めるホリスティック医学を研究、活用。また、ピアノ、ハープ、尺八、シャーマン・ラトル、チベット伝来の楽器を用いたカウンセリングを考案し、潜在意識の覚醒に努めた。霊視力を備え、前世やオーラの解読、数秘術、タロットに精通。主な著書に『あなたにもオーラは見える』『自分の前世！がわかる本』（共に成甲書房）がある。2009年に他界。

■訳者紹介

永井二菜（ながい・にな）

主な訳書に『人生を変える、お金の授業』（PHP出版）、『こんな男とつきあってはいけない』（アスペクト）、『イベントトレーディング入門』『もう一度ベストカップルを始めよう』（パンローリング）、『夫婦仲の経済学』『社会を動かす、世界を変える 社会貢献したい人のためのツイッターの上手な活用法』（阪急コミュニケーションズ）など。書籍のほかに映像翻訳、海外タレントのインタビュー等を担当。東京都在住。

2014年 6 月 2 日 初版第 1 刷発行
2021年 9 月 1 日 初版第 2 刷発行

フェニックスシリーズ ⑳

アニマルスピーク
――守護動物「トーテム」のメッセージで目覚める本当のあなた

著　者　テッド・アンドリューズ
訳　者　永井二菜
発行者　後藤康徳
発行所　パンローリング株式会社
〒160-0023　東京都新宿区西新宿7-9-18-6F
TEL 03-5386-7391　FAX 03-5386-7393
http://www.panrolling.com/
E-mail　info@panrolling.com
装　丁　パンローリング装丁室
印刷・製本　株式会社シナノ

ISBN978-4-7759-4124-9